老板财务思维的九堂课

左宾　著

中国商务出版社
CHINA COMMERCE AND TRADE PRESS

图书在版编目（CIP）数据

老板财务思维的九堂课 / 左宾著 . -- 北京 : 中国商务出版社 , 2021.5

ISBN 978-7-5103-3775-8

Ⅰ . ①老… Ⅱ . ①左… Ⅲ . ①财务管理 Ⅳ . ① F275

中国版本图书馆 CIP 数据核字（2021）第 093271 号

老板财务思维的九堂课

左　宾　著

出　　版：中国商务出版社

地　　址：北京市东城区安定门外大街东后巷 28 号　**邮　　编：**100710

责任部门：发展事业部（010-64241423cctpress@163.com）

责任编辑：杨　云

文字编辑：周桂元

总 发 行：中国商务出版社发行部（010-64208388 64515150）

网　　址：http://www.cctpress.com

邮　　箱：cctp@cctpress.com

直销客服：010-64241423

传　　真：010-64241423

排　　版：志伟工作室

印　　刷：北京兰星球彩色印刷有限公司

开　　本：700 毫米 ×1000 毫米　1/16

印　　张：15.75　**字　　数：**247 千字

版　　次：2021 年 6 月第 1 版　**印　　次：**2021 年 6 月第 1 次印刷

书　　号：ISBN 978-7-5103-3775-8

定　　价：68.00 元

自 序

搞通财务才能出利润

不管是老板，高管，还是财务人员，在日常的企业管理工作中，遇到不少棘手的问题：

- ◆ 财务部到底要建立哪些规章、制度、流程？出哪些报表才能助力企业管理？
- ◆ 绩效考核时，全凭老板拍脑袋打分——没有准确的产品利润、部门利润数据，财务只有糊涂账和糊涂数，给不了老板管理企业有力的数据支持。
- ◆ 企业年终分红时一碗水端不平，人人有意见。究竟怎么分配才能做到公平公正，大家服气？
- ◆ 企业如何做股权分配？怎么规划股权激励？既节税、保障资产安全又牢牢抓住公司控制权？
- ◆ 如何评估企业税务风险？如何自查税务漏洞？如何

梳理企业现有的税务问题？

◆ 日常财务管理不规范，个人卡收款、企业缺发票，类似情况笔笔皆是。如何降低税务法律风险，保障老板不会“在钢丝上行走”？

◆ 高管盯业绩，企业却不赚钱，这个问题如何解决？

……

读者朋友们都知道，企业管理简单来说就是三个字——“人、财、物”。我发现民营企业家们管人、抓业务都是行家里手。可一提财务管理，却基本都是门外汉。要知道，财务管理是企业管理的核心环节，一家优秀的企业必定有一位优秀的财务总监，即便企业家本人不是财务领域的专家，也要对财务有一番了解。而您正在翻阅的这本书，不但是写给民营企业家的财务管理科普书，也是高管必备的财务思维参考书，更是财务人员需要看的财务实操教科书，它详细介绍了一家精细化管理的企业必须要建立的八大财务系统：

战略系统——企业顶层的三层架构设计，即股权架构、法人架构、组织架构，以掌控公司控制权、激励合伙人与员工；

账系统——财务工作标准化的流程、单据、报表，实现业务流到财务流，以数据管理企业；

钱系统——资金管理的三大天数，从而提升企业的资金使用效率；

税系统——税务风险防范、应对税务稽查、开展税收筹划，保障企业家的财富与合法合规经营；

预算管理系统——实现“千斤重担人人挑，人人头上有指标”，合理制订经营目标；

执行报告系统——把企业管理串联起来的“桥梁”：一报两会；

利润增长系统——告别“吃大锅饭”的管理模式；

组织建设系统——财务人员招聘、能力培养与绩效考核。

这八大系统是我和品润咨询的其他咨询老师，在为企业做财务系统咨询案的过程中不断提炼、升级，历经近二十年归纳总结而成。我们坚信：学问不是写出来的，而是做出来的。

我的一个咨询客户要求帮助其梳理企业2021年的销售目标，工作内容是协助企业家以及公司的销售总监，把销售目标分解到具体的销售人员与对应的产品上，并制定出可供执行的全年销售计划。当这位企业家和销售总监与我一起经过科学细致、系统地梳理后，手中拿着业绩目标的思维导图时，仿佛看到了一个新世界，感激地对我说：“左老师，经营企业这么多年，我第一次有了清晰的业绩目标与执行计划，这就是我一直想要但是没做出来的东西。”听闻这些，我在开心之余，内心也不免有了一丝遗憾。

对我来说，这就是财务人员应该完成的工作内容，只是眼前的这位民营企业家与他的财务人员太缺乏这些管理工具与方法，而传播这些先进、科学、高效的工具与方法，协助企业家建立财务系统，让公司通过系统自动自发地获取利润，就是品润伙伴们身上的使命所在。这也激励着我们走进更多企业、服务更多企业、帮助更多的中国民营企业提升自身管理水平，真正做到精细化管理企业。

我们是这样认知的，也是如此行动的。品润团队的老师们奔走在中国的各个城市，每个月开展财税课程近百场，为民营企业家普及财税知识。有些企业家在参加过我亲自讲授的《老板财务思维的九党课》后收获颇丰，纷纷建议我把这些内容转化成文字，让更多的企业家一道重视财税、学财税。在内心诚惶诚恐、恐辜负各位谬爱之余，秉承自己的初心——让更多的企业家走进财务的世界。我利用闲暇时间开始整理讲课笔记，把企业家们能听得懂的财税知识呈现在纸上，以作抛砖引玉之功。

当然，个人笔力不济，才学尚浅，成稿之时对文字仍有不满，唯有宽慰自己，留些遗憾才有前进的动力。希望品润咨询能服务更多中国民营企业，保障企业家财富安全、提升财务管理水平，协助各企业真正做到“搞通财务出利润”。

左宾

2021年春

目 录

第一章

老板要用系统保障自己的安全

左老师的点拨箴言

1. 优秀的企业家，除了能赚到自己认知范围之内的钱，还要能赚到认知范围之外的钱。
2. 健全的管理系统可以让庸才变成天才，让平凡的人做非凡的事。
3. 衡量流程好坏的重要标准是业务是否可复制。
4. 企业家要做的事情是：从靠人管理走向靠系统管理——从人治走向法治。

第一节　从0到1与从1到1000

1. 企业有两种赚钱的逻辑

时势造英雄。我们现在是最好的时代，也是最坏的时代。为什么说“最好的时代”？媒体上报道，中国将在2035年、也就是未来的15年时间，中国将成为全球第一大经济体，如果中国成为全球最大的经济体，那么这个经济体的背后意味着中国的民族企业将会成为世界的品牌，也是我们中华民族伟大复兴的时刻，这是一个伟大的时代、最好的时代，那么作为中国的企业家，我们准备好了么？我们能否成为行业标杆，能否引领我们的企业顺势而为，成为这次大变革的成功者；同时，这也是“最坏的时代”，为什么呢？在这样一个大趋势下，我们面临的是全球竞争，有人提出“马太效应”这一概念，就是强者愈强、弱者愈弱，富者愈富、穷者愈穷。这是什么原因？这是因为他们找到了规律，看到了本质，先知的人挣后知人的钱，后知的人挣无知人的钱。那么这个规律、本质是什么？常言说得好，“幸福的家庭都是相同的，不幸福的家庭千差万别”，同样，成功的企业也是相同的，不成功的企业千差万别，差的就是这个企业盈利、赚钱的逻辑。

企业有两种盈利模式：第一种靠关系赚钱。靠关系是企业生存的一种方式，企业在竞争中以关系为核心竞争力，然而这种方式的特点在于存在太大的不确定性，可以赚钱但大概率不会持续赚钱。如果企业是这种赚钱的方式，那建议尽量控制固定成本，固定成本变动化，比如把大规模的生产外包出去，薪金尽量以绩效方式为主，跟销售额挂钩，以此降低成本，等待时机转型。

第二种是依靠管理系统赚钱。通过合理有效的管理系统，让企业实现持续盈利。但是管理系统的建立是一个漫长的过程，是在企业发展过程中对未来和机遇的一种转变和把控。靠关系纵然能让企业赚到钱，但如果想要持续和长久的发展，就必须建立一套完善的管理系统，靠系统管理而不是靠能人管理，企业里真正的能人是能建立起管理系统的人，从直接管理到间接管理，甚至是离场管理。

2. 从老板管到系统管，让企业持续赚钱

企业在经过初创时期的高速发展后都会遇到增长“瓶颈”的问题。这是因为企业过于依赖老板个人的能力和格局，而缺乏一套完善的管理系统，业务模式没有办法复制，也就无法快速扩张，严重阻碍企业的发展，甚至危及企业的生存。举一个例子，一个做餐饮行业的学员，开1家、2家门店的时候都很赚钱，然后当开到几十家门店的时候，自己跑不过来了，开始有门店亏损，于是进入开了关、关了开的模式，很难再扩大规模，因为就他一个真正的管理者，事必躬亲，而不是靠标准化的管理系统，怎么可能把企业快速复制、快速扩张呢!

企业的初创和发展离不开创始人的带领和拼搏，但仅依靠一个人的能力把企业做成伟大的公司是一件不可能的事情，科学的管理系统和合理的制度才是企业持续发展的动力源泉。在经济下行的情况下，企业家更应重视企业管理系统的建设。企业管理系统包括硬系统和软系统两大类。硬系统是指企业的业务系统，包括企业的战略、执行、产品研发、市场推广、销售管理、渠道管理、以及供应链管理等系统。软系统包括财务系统和绩效系统。

硬系统和软系统都是用来支持企业的管理系统，企业发展必须做到软硬两手抓。从战略系统一直到绩效系统，每个企业家都应该定期梳理、回顾，看看哪个系统没有建设到位，思考一下如何进行改变。只有这样，企业从上至下才知道自己要做什么，如何实现转变，从老板管转型到靠系统管。通过管理系统的建立，让公司实现自运营。

做企业比的不是赚钱，比的是持续赚钱！企业想要持续赚钱，主要在于红利、管理和系统三个方面（详见图1–1）。以前，经济高速发展，企业背后有国家在支撑，国家通过投资来推动整体经济增长，同时有出口的红利、人口的红利，三驾马车同时发力，所带来的机会自然越来越多，企业赚钱反倒有些“理所当然”，不赚钱反倒有些不正常了。但是经济的发展有它自己的规律，当下，红利不那么明显了，所以企业越来越难赚钱。

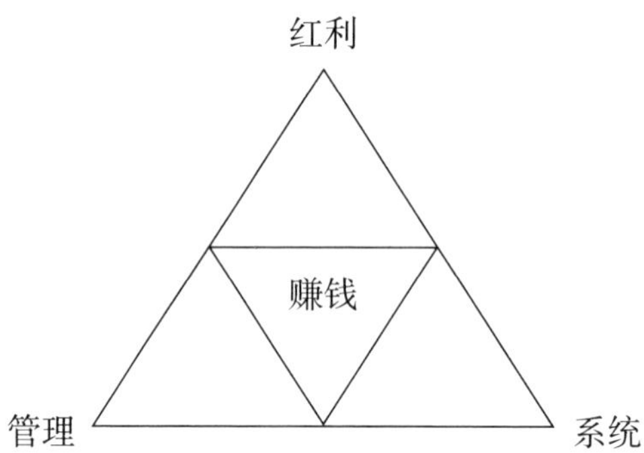

图1–1　企业管理系统

企业最终要向更高层次过渡，从依靠红利转向依靠系统和管理实现赚钱。企业靠系统和管理赚钱，才能获得持续发展。比如遍布全球的麦当劳，加盟麦当劳不是为了那几个汉堡包、薯条，而是加盟麦当劳的系统、一套标准的管理系统，保障你在全球任何一个地方做出来的汉堡、薯条都是一个味道。不会做生意不要紧，只要加入麦当劳的系统，跟着系统干，就能赚到钱。所以说健全的管理系统可以让庸才变成天才，让平凡的人做非凡的事。这就是管理系统带给企业的“红利”。

3. 财税系统对于老板的意义

企业不是老板一个人做起来的，需要所有员工的共同努力。当财务人员把报表交给老板，老板必须明白报表的内容，需要通过数字来透视企业的经营管理。在世界一流的企业里，虽然总经理负责全盘，但是，利润、风险也是由首席财务官来负责的。

财务人员要帮助企业降低风险，需要做到两个安全。

第一个是财富安全。财务人员在公司里要负责资产的安全。财务部是直接接触钱的部门，如果财务人员出现亏空企业，那企业就成了空头企业。如何保障财务人员不亏空企业，靠的是人品吗？靠规章、制度、流程，铁打的营盘流水的兵，谁来做企业资产都是安全的。这叫“用人要疑、疑人要用”，就是靠一套财税系统管人管事。

第二个是合规安全。如果企业在发展过程中，因误触法网老板被抓，就得不偿失了。老板大部分都有钱、有车、有房、有家庭，如果因为财税不合规倒下而失去一切，自然得不偿失，很多进监狱的企业家都是不懂财税，不懂公司法、会计法、税法才出的问题。

典型案例

靠系统管理实现转型的华为

1997年，任正非带领公司高管团队访问了美国IBM总部。在和IBM公司高层的会谈中，任正非邀请他们为华为公司做管理咨询服务。IBM

要价高达4亿美元，也就是大约32亿元人民币，为华为公司服务五年且包教包会。任正非听后一口答应下来。

当时，华为公司一年的销售收入大概五六十亿元人民币。也就是说，签下的这个咨询合同几乎占了华为公司半年的销售收入。华为公司的高管们目瞪口呆，都认为老总的这个决定太疯狂了。有人向老总建议说“如果把这个钱给我们的团队，我们能创造出300亿元甚至3000亿元人民币的收入。”

但是，老总的回答是，“在未来我和大家都不在华为公司工作的时候，这家公司依然能够赚300亿元、3000亿元”。

其实，这就是在学习小公司向大公司转变，是如何走出混沌的，不靠能人而是依靠科学的管理系统保障公司持续发展和盈利。某企业家和IBM签订合同后，回到国内就在公司大楼里清出半层写字间供IBM的咨询顾问们使用。当时，某企业家请的IBM顾问每小时的报酬达到了300～600美元，也就是2400～4800元人民币每小时，而他自己一个月的工资才5000元人民币。

IBM的咨询顾问团队在接下来很长的一段时间，帮助华为公司建立企业管理系统，正是得益于科学化的管理系统，华为公司实现了高速发展。2013年，公司打败爱立信，成为全球最大的电信设备服务商。如今，该公司在5G通信领域成为世界公认的领导者。

如果任正非没有足够的魄力与IBM签订咨询合同，就没有现在的华为公司。华为公司的成功与蜕变离不开该企业家超前的思维，他建立了属于华为公司的管理系统，从人管理升维到系统管理。靠人管理，获得一时的发展；靠系统管理，获得持久的发展。

第二节　揭开企业系统的面纱

1. 愿景是企业系统的前提

企业家打天下，靠的不只是人，更靠帮助企业持续发展的系统。从愿景开始，打造企业的使命和价值观，然后才有企业的战略方针、企业的计划与执行，最终到企业的组织搭建、预算管控和财务核算等。企业系统金字塔最上层的是企业的核心，最下层的是企业做大做强的根基。这不仅仅是生存基础，更是企业良性发展的必然因素。

在这个金字塔图型（见图1–2）中，蓝色部分是企业的最终目标，也就是企业的导向；红色部分是企业的核心，也是公司实现的重要因素，它是企业的内核，决定着企业的生存；黄色部分是企业的根基，只有打实黄色部分，才能让企业的战略得到实施，完成使命和愿景。这就是接下来要思考的，企业要建立一个怎样的系统？如何来建立这样的系统？

搭建企业系统时，首先要弄明白企业的愿景是什么？使命是什么？价值观是什么？

对企业家而言，这非常重要。

很多企业家喜欢实干，觉得愿景和使命太虚，都是忽悠的把戏。然而越是虚的东西，如果做实了，那便不再是虚的。一个成功的企业家，往往看到的比别人更多、更远。管理的最高境界便是虚事实干。虚事实干的愿景和使命一旦真实地建设起来，企业就会快速成长。马云就说过，如果你把虚的东

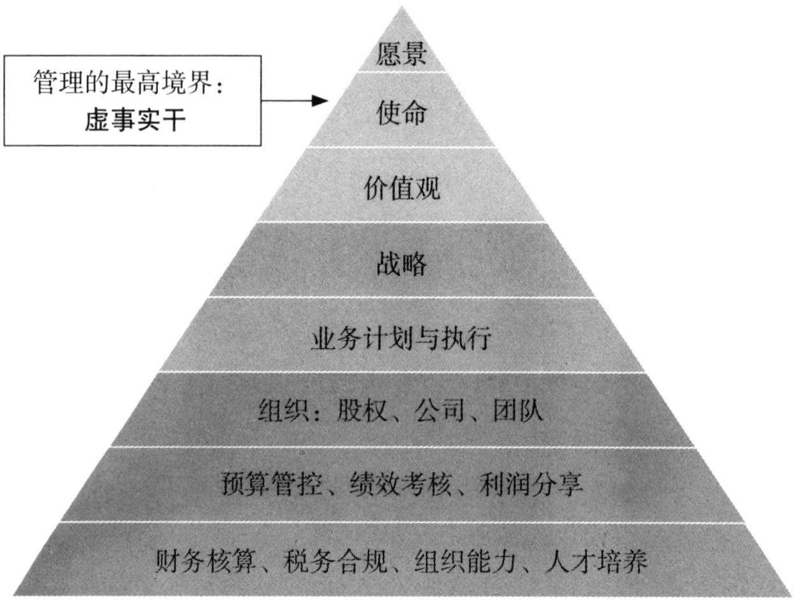

图1-2　企业系统层次示意图

西干实了，你的企业一定能成功。

老板不愿意跟员工讲愿景和使命，员工就不清楚企业的最终目标，无法与老板站在同一个阵线上。老板跟员工讲愿景和使命，可能有的员工不信，这并不重要，重要的是老板可以通过这种方式将那些和老板拥有共同愿景和使命的员工筛选出来，只有相信老板的员工，才会建立归属感，才能将业务落实下来。

阿里巴巴创业初期，马云在狭小的办公场所向员工们讲述自己的宏伟理想时，他的激情和人格魅力令许多人折服，同样也有不少人嗤之以鼻。但是在以后的这些年里，马云带领手下的“十八罗汉”把他的愿景一一实现，阿里巴巴也成为世界上最受尊敬的公司之一。处在过去那个时点，马云的话很虚，但还是有人会相信。相信他的人死心塌地的跟着他干，这些人成为企业做大做强的骨干。将虚的东西干实了，所以才有现在的马云。

如果一个员工相信了老板的愿景、使命和价值观，那么他就不容易因为一时的低薪水离开。现在企业要留住一个人、培养一个人所花的成本非常高。老板都觉得留人很难，不停地加薪，最终竟然还是被竞争对手挖走。事实上，薪水只是表面上的人才流动因素，企业真正要给员工的是使命感和未来。

典型案例

IBM创立之初，创始人托马斯·J. 沃特森就提出了企业的经营哲学，其中有三条广为人知：尊重个人；尽最大努力为顾客提供最好的服务；追求优异的工作表现。为此，他一直提倡在公司内部互帮互助，后来逐渐形成了被人们赞誉的“蒙特尔机制”。其核心就是：IBM会给每一位新入职的员工安排一位师傅。这位师傅负责教导新员工熟悉公司的规则以及具体业务的流程细节等，直到把新手培养成能独立完成任务的人为止。所以，当有些员工决定离开IBM时，老板会和他讲，如果创业不成功，可以给他一份工作。这就是IBM的价值观与企业文化。它不会随着时间变化而改变。

企业成立之初，就要梳理好愿景、使命和价值观。越虚的东西越实干，它的价值才会更大。员工和团队做事的方法和想法是难以硬性约束的，但是老板必须给员工灌输一套价值观，告诉他们做事的目标和正确的路径，由此形成统一的方向。所以，企业有什么样的愿景，就有什么样的价值观，就会有什么样的企业文化。

2. 战略落地要有量化的标准

当企业有了愿景、使命，就有了战略方向。企业的战略一定要有量化的标准。所谓量化的标准就是要清楚企业未来三到五年的业绩指标：市场占有率达到多少、收入多少，每年增长多少，利润要实现多少等。通过量化的标准让战略更具体、清晰，有可以衡量的成功标准。

不仅老板要清楚企业的战略规划，团队高管和员工也要知道。当然，做企业光有战略规划还不够，需要有具体的业务执行计划。现在民营企业家普遍进入到认知过剩的阶段。脑子里有很多好的想法和点子，就是没办法执行下来。想法和点子落不了地，做不到，这就是“认知过剩”。原因有二：其一是员工不知道企业的战略，也就不能理解业务计划的目标，因此，执行的效果也会大打折扣；其二是没有具体量化的标准，不量化战略就变成了“口号”。

有了战略、业务执行计划，还需要监管团队的执行。首先，管理团队应透过预算管控将公司整体的预算目标分解到每一个部门，细化到每一个人，“千斤重担人人挑，人人头上有指标”；其次，“追过程”，好结果一定来自于好过程，过程管理就要有过程的考核指标；最后，公司根据相应的完成情况，考核员工并进行激励，还是要拿结果数据说话。为了让员工能够长期服务企业，有些公司还会采用股权激励等方式与员工进行利益深度绑定，分多少股权，还是要“论功行赏”，靠数据。这就要求公司的股权分配、公司架构、数据核算、财税合规、人力资源管理与之配套，建立完整的管理方式。

3. 组织架构是执行战略的支撑

企业确定了战略和业务计划之后，就需要进行组织架构的调整。也就是说，企业家需要审视企业的组织架构是否和战略、业务计划相吻合。如果组织架构滞后，应对它进行调整。如果企业的战略发生变化，那么组织架构也要相应地改变。只改变战略，不改变组织架构，会发现战略在落地的过程中出现专事没有专人负责的情况。组织架构的设计需要支撑企业战略，为战略的执行负责。每一个企业家都应该思考一下，企业的组织架构是否与公司的战略相匹配。

组织架构改变后，需要进行有效管理。组织管理常用的三个工具分别是预算管控、绩效考核和利润分享。老板在使用这三个工具时，往往会发现一个问题，公司的实际利润越来越少，隐形的成本越来越高。究其原因就是缺少财务核算。如果老板拿不到财务核算的数据，那么如何考核员工，提供多少激励奖金，利润该怎么分配，都没有经过准确的核算，自然会入不敷出。可以说，财务核算是企业进行管理的根本。

当然除了财务核算，还有税务合规，标准的制度和流程，以及资金管理、人力资源管理等。绩效系统、业务系统和财税系统是企业必不可少的三个系统，这些在后面的章节会做更详细的介绍。

老板把战略梳理出来，建立对应的组织架构，透过良好的管理系统，达成企业目标执行的共识与统一。当团队迟迟不出业绩时，老板一定要反思。公司的目标没有完成，问题不只是出在团队身上，最终还是在老板身上，想要改变他人，先要改变自己。

老板管理企业就三件事："定战略、搭班子、带队伍"。这搭班子说的就是组织架构的设计，没有对的组织架构就谈不上高效的执行，更不要说有结果了。

典型案例

ELHX组织改变所带来的成效

广州ELHX服饰有限公司这几年成长得非常迅猛，从一开始两三亿元的销售收入到现在二十亿元的销售收入，仅仅用了五年的时间。这家公司从战略到执行，再到财务系统建立的过程，同样遇到过困境。作为品牌服装店，ELHX想要扩大业务，必须增加门店。到现在已经有400多家直营专卖店，但是门店的增加，并不代表利润额的增加。

在调研过程中我们发现，新门店的盈利水平以及存活率非常低。老板胡总当时就很纳闷，怎么门店一多，就没办法管理呢？只有几家门店时，门店管理的很良好，但是当拓展到六七十家时，原本的管理方式就不管用了。门店无法盈利，存活率自然很低。通过梳理，我们发现，ELHX的战略很清楚，业务计划也没有问题，但是组织还是原来的组织，管理还是原来的管理，这就导致ELHX在新门店的拓展中暴露出问题。

ELHX通过大区划分来管理门店，每个大区都有一个总经理，总经理下面设有大店长，每个大店长负责6～10家门店，在大店长下设门店店长。在新门店开业后，大店长仍然把大部分精力放在现有的门店上，只有少部分心思花在新门店上。因为新门店的成长需要时间，每个季度大区的总经理都会有业务指标，想要完成任务，自然将精力放在现有的门店上。这就导致对新门店的重视不够，存活率自然不高。

随后，我们建议ELHX对组织进行调整，成立单独的事业部门——新门店拓展部，专门委派总经理，跟大区的总经理并列。新部门总经理主要负责新门店的拓展和运营管理，为新门店的业务指标负责。相当于在原有的组织上，建立了另一个维度的矩阵式组织架构，新门店主线管理在新的事业部，同时大区总经理协助督导。由于这样的调整，ELHX的发展迎来了新的转机。

第三节　财税系统是企业管理的第一工程

1. 财税系统：连接业务系统与绩效系统的桥梁

民营企业管理最大的问题在于没有数据支撑。老板向管理团队要效益，这个效益没有数据支撑。不管能不能做、是否合理，老板脑袋一热，感觉可以，就开始干。除了没有数据外，做事没流程，怎么做如何做，毫无章法。员工每天忙里忙外，但是一点效益都没有。公司不能东打一棍，西放一枪，而是需要能让公司合理运作的数据管理和业务流程。

企业在做绩效考核时，如果没有财务数据作为考核依据，今天心情好打一百分，明天不顺眼就是九十分，缺乏统一的标准，利润的分配、员工的奖金就会出现不合理。中国有句老话叫做“不患寡而患不均”，说的就是这种情况。老板感谢员工一年来为公司的付出和努力，并想激励员工未来作出更大的贡献，可就是因为缺乏统一的标准，发多发少员工都不满意，老板没有办法，又私下给不满意员工发红包，“会闹的孩子有糖吃”，这样就失去了考核的意义，这就是数据管理缺失导致的结果。

企业开展业务，做决策靠拍脑袋，做事情靠拍胸脯，做砸了靠拍屁股。整体缺乏目标管理，过程控制，只是到最后看到结果论功行赏，完成了给奖励、做砸了打屁股，老板管理企业就是“踩西瓜皮”、溜到哪里算哪里。

因此，从组织架构到战略执行，再到利润分配，最重要的纽带就是一个完整的财税系统，通过数据把它们连接起来，形成闭环。所以财税系统能解决民企管理的众多问题，是连接企业业务系统和绩效系统的桥梁。

2. 财权：通过预算制定绩效，实现利润倍增

一般来说，公司最本质的权力就是“财权”，谁掌握财务部谁就掌控整个公司。在一家企业，谁管理财务部门，谁就是最大的负责人。因为企业的一切运转都需要资金来支撑，包括业务拓展、管理实施、绩效考核等，都需要资金，都需要财务部门进行核算，才能有直接的结果。

很多公司没有绩效考核系统。对于企业而言，老板考核什么，就能得到什么。考核对实现业绩目标是有牵引作用的。绩效考核的指标不是拍脑袋拍出来的，通常是从预算分解来的，这个过程是：首先有公司未来的3-5年的战略规划目标，到下一年的年度预算目标，再到部门目标，最后再分解到个人头上，形成个人的年度业绩指标。有些公司没有做预算就进行考核，很容易发现部门的绩效与个人的绩效跟公司的总指标无法连接起来。公司的目标跟部门、个人的目标存在断层，没有因果的联系。如果公司的绩效考核有问题，或是无法落地，一定要思考一下问题究竟出在哪里。

3. 老板必须拥有财务思维，做到两账合一

现在的企业有一个现象，就是做两套账，一套账报给税务局，叫做外账；另一套账上交给老板，叫做内账。有的公司甚至做三套账，一套给税务局，一套给银行，还有一套给老板。给税务局的账做得很瘦，这样可以少交税，这样做是违法的。给银行的那套很胖，用于贷款融资，这样做涉嫌金融诈欺，只有给老板的内账才是真实的，而且这个内账是不能公开的。随着国家越来越重视税收监管，大数据、金税三期等工具的应用，不管企业的业绩

怎么样，必须将两套账变成一套账，降低税务风险。

老板是财务的第一负责人。老板最好懂财务，主导财税系统建设。一个优秀的老板必然是一个优秀的财务专家。事实上，公司的业务决定公司的下限，财务决定公司的上限。在任何一家公司，财务管理一定是企业管理的核心所在。

老板必须有财税思维，这样才能更好地搭建财税系统框架，就好像建房子打地基一样，财税系统就是这个地基。企业如果都是违法的、不安全的，老板还做啥企业，业务做的越大、风险也越大。落地财税系统，老板需要打造一只财务铁军，财务团队够强大，才能保证公司的管理系统正常运转。

高管是财务工作的第二负责人，因为公司的利润与现金流都是高管负责的。比如企业的现金流，透过销售总监与客户签合同时缩短应收账款账期，采购总监与供应商谈付款条件时延长应付账款账期，进而达到优化现金流的目标。所以除了财务总监，企业的销售总监、生产总监、项目总监、采购总监和人力资源总监都要懂财税。

老板向高管要利润，高管必须通过财务管理满足老板的要求。高管不仅仅只是带团队、做业务，更要懂财务，如果一个销售负责人讲不清楚收入是多少、收入变化的原因及其与对标企业的比较情况，也不了解他所销售产品的毛利、毛利率情况，更不了解部门的费用，那么，这个销售负责人根本就不会对利润负责。所以，一个优秀的高管一定是财务专家。

如果老板和高管都不懂财务，这就意味着企业没有管理，根本谈不上企业盈利、持续发展！

第四节　民企财务必备的八大系统

民营企业的财务主要有八大系统（如图1–3）。黄色内圈的四个系统是企业的保命系统，是企业持续赚钱的根本。包含战略系统、账系统、钱系统和税系统。企业的财富安全靠战略系统、账系统和钱系统来保障，合法安全则靠税系统来保障。蓝色外圈包含预算管理系统、执行报告系统、利润增长系

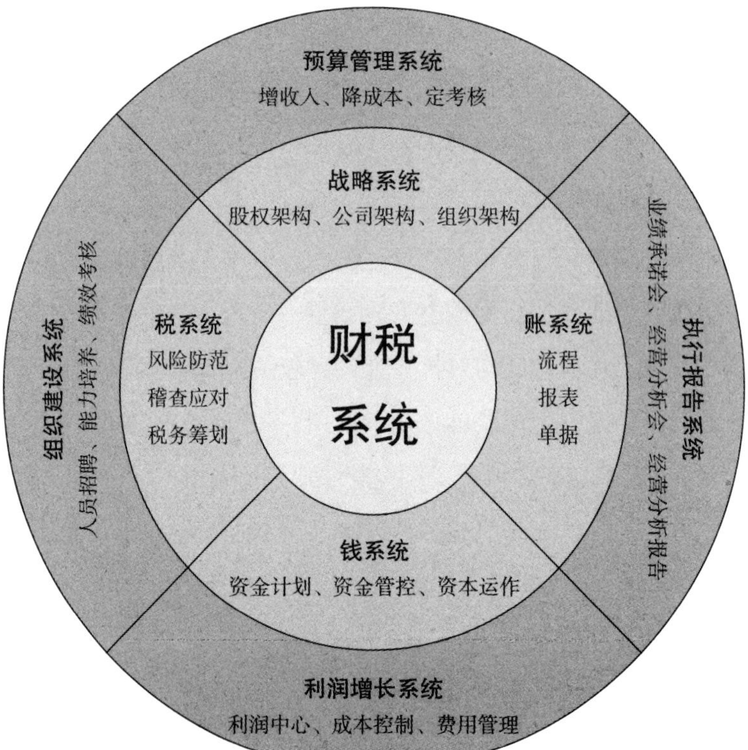

图1–3　民营企业财务的八大系统

统和组织建设系统，这能帮助企业实现利润倍增。这八大系统相辅相成，构成企业的整个财税系统。

1. 财务战略系统——基业长青的重要基础

第一个系统是企业战略系统，这是企业成长的重要基础。企业的战略系统包含股权架构设计、公司法人架构设计以及组织架构设计。股权架构设计首先要定公司分配多少股份，股权定了之后，再做公司法人架构设计。法人可以是老板，也可以是公司，就看老板要成立多少家公司。公司法人架构确定之后，最后是组织构架。企业税务筹划最早要从股权架构和法人架构就开始设计了。

2. 账系统——纸上有账，心里也要有账

第二个系统是账系统。账系统主要包括流程、报表和单据。对老板来说，要做到纸上有账，心中也有账。公司运营管理对应的流程，报表和单据要明确的标准化，这个标准是通过账系统来完成的。老板要把控公司，第一个要抓住的部门一定是财务部。公司最本质的权力就是对财权的管控。老板必须主导公司财税系统的建设和管理。

3. 税系统——用合法的方法赚最多的钱

第三个系统是税系统，包括风险防范、稽查应对以及税务筹划三个方面。所谓风险防范，就是基于税法对企业的业务行为进行规划，做到合理合法。税务局来稽查时，很多企业的财务报表不合规也不合法。需要财务做两账合一，两账合一并不一定意味着多交税，而是通过税务筹划来降低企业税

务成本。我们现在做财税系统主要就是为了保障企业、老板的财富安全和人身安全。只有安全地挣钱，才能放心地花钱。

4. 钱系统——不妨把自己当成一个消费者

第四个系统是钱系统。公司生存最重要的是现金流，如果没有现金流，公司很快就会倒下。在课堂上我经常讲“利润是面包、现金是空气”，我们都离不开空气。钱系统涉及公司的资金计划、资金管控和资本运作。老板要清楚地知道企业每天资金的流入与流出情况，财务需要为老板提供短期（一到三个月）的资金计划和中长期（半年到一年）的资金计划，公司的高层管理人员必须关心企业的现金流情况，并以此制定考核指标。所以，财务部要做好两件事：第一是提升企业资金的效率；第二是提供准确的资金计划表。在对资金使用进行规划时，不妨把自己当成一个消费者，所做的规划往往更为合理。

5. 预算管理系统——每分钱都应该花在刀刃上

第五个系统是预算管理系统。设置预算管理系统的目的是增加收入、降低成本和制定考核目标。也就是说通过建立预算管理系统，把企业的收入目标确定下来，成本费用的目标也确定下来，利润的目标自然就确定了。同时把预算的目标分解到每一个部门、每一个员工身上，制定绩效考核制度。我们说老板要带队伍，预算管理系统就是带队伍的重要工具之一。

6. 执行报告系统——在规划与结果之间做个明眼人

当然企业盈利，光有预算管理系统还不行，因为预算再精细，计划也会有变化的时候。常常前一年做的预算，等到第二年执行时，发现内外部环境已经改变很大了。为使计划更加贴近现实，还要建立执行报告系统。通过在执行过程中的管控，保证预算目标落到实处。在执行报告系统里非常重要的内容是“一报两会”。所谓“一报两会”就是经营分析报告加上业绩承诺会和经营分析会。通过报表和会议把公司的管理抓实。

7. 利润增长系统——持续盈利才能可持续发展

第七个系统是利润增长系统，主要包括利润中心、成本控制和费用管理三个方面。民营企业为什么赚钱难？因为整个公司只有老板对利润负责。企业要以利润为中心，单独核算每一个部门的收入，成本，费用以及利润，并制定相应的考核方式。只有清楚每个部门为公司创造的利润，部门负责人才能对利润负责，这样，赚钱就不只是老板的事情，更是高管、公司每一个员工的责任。

8. 组织建设系统——养兵千日，用兵一世

第八个系统是组织建设系统。组织建设系统主要包括人员招聘、能力培养以及绩效考核。公司要为员工制定清晰的培训计划，让员工清楚企业的愿景、使命和价值观，保持思维观念的统一，同时让员工清楚职业发展方向。组织建设系统主要是帮助公司培养骨干，留住人才，让每个员工找到归属感，真心实意为公司付出。通过数据化管理和标准流程进行分工管理，做到组织细化、科学化管理，让庸才变成天才，让平凡的人做非凡的事。

【落地工具】系统能力评估与规划表

系统建设	内容	评估标准	评估结果（是/否）	重要程度（高/低）	建设与否（是/否）
业务系统（务）	战略系统	公司有清楚的战略目标吗？3年内要实现什么业绩指标？			
	业务计划	根据公司战略目标，是否有清楚的执行落地方案？			
	团队执行力	老板的想法团队是否能够贯彻执行？是否有目标、无执行、缺结果？			
绩效系统（人）	愿景、使命、价值观	公司是否有老板与员工都认可的愿景、使命、价值观？员工相信吗？它能驱动员工做事而不只是为了赚钱			
	组织架构	公司是否根据战略发展目标调整、优化过组织架构？			
	绩效考核系统	员工有清楚的绩效考核指标吗，例如部门与个人的KPI指标？考核结果不是打分而是算出来的			
	利润分享	做利润分红、股权激励的时候，每个人为公司创造多少利润、收回多少钱，账都是清楚的吗？			
	员工能力培训方案	公司有针对性的员工培训计划吗？员工每年平均培训时间多少？培训经费多少？			
	员工职业发展规划	员工清楚知道自己的职业发展规划以及存在的不足与改进措施吗？			
财税系统（财）	股权架构	公司股权分散，股东间对公司发展方向有不同想法，顶层不稳定			
		未来有引入投资人的打算，但是没有考虑过顶层股权架构设计，从而保证公司控制权不旁落			
	公司架构	公司法人架构设计是否考虑税务筹划？			
	账系统	财务流程不全面、设计不合理，起不到管控业务、控制成本费用的作用			
		财务人员能力的问题导致乱账、糊涂账、成本费用不清楚、数据不准确			
		虽然用自己信任的人管理财务，但因为能力上有欠缺，导致财务管理混乱，造成损失			
		老板管理企业不看报表、看不懂报表，靠感觉管理企业			
	钱系统	老板不清楚每天资金流入、流出，财务也没有提供未来1-3个月的资金计划			
		公司高管层，销售、生产、采购等管理人员不关心企业的现金流情况，公司也不考核他们			

（续表）

系统建设	内容	评估标准	评估结果（是/否）	重要程度（高/低）	建设与否（是/否）
财税系统（财）	税系统	两套账、发票问题、老板从公司不交税拿钱等历史遗留问题严重，税务风险大			
		财务人员没有对公司进行税务筹划，税务局优惠政策了解不及时、不知道如何应用			
	预算管理系统	公司经营缺乏部门与个人目标：收入、费用、利润、人员			
	执行报告系统	团队执行力弱，缺过程管控系统：承诺、业务计划、过程管理、事后分析改进的全过程管理			
	利润增长系统	公司不能清楚核算每一个部门、每一个人为公司创造的利润，并与之分享激励、考核员工			

思考空间

一、基于企业发展阶段以及现阶段企业发展中面临的主要问题，您规划在接下来的半年中需要进行哪几方面系统建设与升级？

二、公司的战略目标是否清楚明确？以及未来三年内要实现什么样的业绩指标？

三、公司有没有制定专门针对员工的培训计划？以及员工每年平均培训的时间有多少？投入的经费是多少？

四、公司的现金流情况是否每个高管都清楚？在日常工作当中，公司有没有对高管进行明确的考核，并依此制定相应的绩效系统？

第二章

高屋建瓴的格局——财务战略系统

左老师的点拨箴言

1. 优秀的高管一定是公司培养出来的，成功的企业一定是学习型组织，卓越的老板一定是出色的老师。
2. 管理者的领导力不仅需要帮助企业实现目标，还需要拥有成就他人的魄力。
3. 想要执行有效果，必须建立可视化的报表和标准化的流程。
4. 企业要单独核算每个部门的收入与费用，杜绝“大锅饭”。

第一节　老板必须搞定的三类人

1. 价值观一致的合伙人

很多人在创业之初就选好自认为最合适的合伙人。在创业的过程中，因为种种原因，合伙人选择了退出，无疑给初创公司造成巨大损失。所以，老板一定要知道在选择合伙人这件事上的四个标准：

（1）价值观一致

老板在合伙人的选择上，要优先考虑价值观一致的伙伴。如果两个人的价值观不同，将会在公司未来的决策上埋下巨大的隐患。在企业盈利情况良好的时候，团队思考的一定是怎样才能给企业带来更多的业绩，让企业获取更多的利润。然而，人们观念的不同所产生的思路也不相同。到最后，决策方向的差异、具体做法的争论，大多会导致合作双方分道扬镳。所以价值观不一致的合伙人，是很难共同创业成功的。

合伙人的价值观不仅指三观，还包括在创业前期对于公司发展定位所提出的种种构想。如果这些观点不同的话，企业一定会出问题，而且是致命的。所以，企业的合伙人一定要有共同的愿景。

（2）能力与性格上形成互补

公司的大小事务需要合伙人分工解决，有时一个人懂销售，另外一个人精研发，还有一个人善于运营。个性方面也要形成互补，有人强势，就要有人温和，有人张扬，就要有人内敛。如果每个合伙人都强势，一定会发生矛盾。所以马云选择了蔡崇信。一个好的管理团队往往都是能力上的互补，从而产生了1加1大于2的效果。

（3）背靠背的信任和包容

合伙人之间的关系是背靠背的，两个人如同一根绳上的蚂蚱，要相互信任与包容。因为形成合伙关系后，一起工作的时间会非常多，难免会产生矛盾。这时就需要包容，包容可以化解很多问题。同时要信任对方，相信大家的出发点都是为了公司好。

（4）自我牺牲的精神

自我牺牲的精神在合伙人的选择上非常重要，尤其是当企业发展到一定阶段时。做一件事情的方法有很多，所谓“条条大路通罗马”合伙人之间不是对与错的问题，可能大家选择的方法都是对的，但是组织要形成合力，就不能另起炉灶按各自想法干。所以，有自我牺牲精神的团队容易走得更远。

2. 根正苗红的高管

每个老板都应该思考一下，核心高管是从外面挖来的好用还是自己培养的好用？外面挖来的高管固然优秀，但不一定好用，由于存在企业文化上的水土不服，那些职业经理人只看见企业的显性现象。而老板自己培养出来的高管，更能理解企业的需求，讲问题容易、解决问题难。

在华为公司，就有一个不成文的规矩，从外面挖来的人无论薪水有多高，都要先从二把手做起。一把手一定是经过华为公司自己培养出来的，属于根正苗红的员工。新员工进到华为公司，有两条路：第一，在华为公司工作两年以上，认同习得华为公司的企业文化，才有可能成为部门负责人；第二，无法适应华为公司的企业文化，当能力完全释放之后，最终只能离开。

那么，选择高管有哪些标准呢？

（1）建立系统的能力

高管一定要有建立系统的能力，即帮助企业建立标准化业务流程的能力。老板聘用高管，不只是为了冲锋陷阵，那是士兵要做的事，老板要的是运筹帷幄的将帅之才。相反，越是救火队员式的高管，企业反而越要注意合理地运用，避免企业离开他就不能运转的隐患。高管存在于更大的意义是要为企业建立标准的规章制度，良好的系统流程，这才是高管的价值所在。

企业如果没有标准化的制度和流程，只是取决于少数几人的智慧、能力、品德甚至情绪状态的话，那是危险的。所谓标准化的意义，就是可复制的成功模式。而标准化的流程，要通过高管建立的系统产生。

（2）创新的能力

高管要有创新的能力。创新能力源自于不停地学习，不断地实践，还有就是敢于反思过往以及对自己的否定，不破不立。否定是为了看到新的未来和可能，并愿意为此成长、改变的勇气。

（3）具备财务思维

高管必须具备财务思维。企业最终的经营结果都会反映在财务数字上，汇总的收入、成本、费用、利润都会直观地呈现出来结论。对企业财务情况，高管要讲得清、说的明；对企业财务前景、风险有合理预期，并能有科学的对策，高管才算称职。

如果高管不懂财务，没有财务思维，如何对公司的利润负责？如何对财务数据负责？如何对现金流指标负责？企业的每个人都要对财务指标负责，尤其是高管。在世界500强企业中，高管具备财务思维是对高管最基本的素质要求。

3. 落地企业目标的中层骨干

企业的中层骨干必须拥有学习精神，具备反思、提升、改变的自觉和能力，批判自我，追求创新。还能够扛起落实企业目标的担子，执行计划，完成任务，和老板一心一意前进。

（1）爱学习、求进步

企业要培养的中层骨干一定是爱学习、求进步的员工。一个爱学习的人肯定拥有上进心。企业判断员工的发展潜力，不在于这个员工一时的表现，而在于他的学习态度。学习的态度就是工作的态度，所以企业的中层一定是拥有良好学习态度的员工，他们刚进公司时不一定特别优秀，但是在企业的培养下，会快速成长。所以，老板需要把爱学习、求进步的员工培养成为中层骨干。

一个成功的企业，肯定是学习型组织。只有不断学习才能改变现状，成功源于创新，而创新来自于学习。当企业成为学习型组织，就具备了创新的土壤。

（2）使命必达的执行能力

中层骨干还要具备执行的能力，执行力大于一切。

老板最困扰的是什么？就是有想法却没有人实现。所以企业的中层骨干不应该是和老板抱怨有多少困难，而是想办法去解决困难。这就仰赖老板打造执行为首的企业文化。同时中层骨干还要有理工科思维，践行数据化管理，最终目标的执行永远通过数据化的系统管理实现。

第二节　企业顶层设计：股权决定话语权

1. 企业股权的九大生命线

企业里，股权决定话语权。老板千万不要害怕跟合伙人谈股份，而且要大大方方、开诚布公地谈。其实与合伙人谈股份的过程，股份的多少是一方面，更重要的是谈股权的过程是确定公司领导权的过程。通常股权有九大生命线：

① 67%，拥有绝对控制权：是公司的决策股东和所有者，占到三分之二能够通过股东大会决议，有权修改公司章程、决定增资扩股等重大事项。公司章程是除《合同法》和《公司法》之外，能够约束股东权利和义务的重要契约；

② 51%，拥有相对控制权：占比二分之一以上，通过股东大会决议，可以对公司经营决策进行表决和控制，比如高管层的确定和高管的薪酬等；

③ 34%，拥有一票否决权：占比大于三分之一，对于股东会的决策有直接否决权，即当公司有重大决策时，必须经过他的同意。这是相对于67%而言的；

④ 30%，要约收购线：证券交易所规定，持股超过上市公司已发行股份30%以上，继续增持股份的，需要以要约方式进行，全面要约或部分要约；

⑤ 20%，同业竞争警戒线：大股东、子公司、并列子公司和联营公司持股超过20%，存在类似业务的可能存在同业竞争；

⑥ 10%，临时会议权：超过10%的股东，可以有权召开临时股东大会，可以质询、调查、起诉、清算、解散公司；

⑦ 5%，重大股权变动警示线：持股超5%的股东，重点关注同业竞争，收购上市公司超过5%股权，变动需要公告；

⑧ 3%，临时提案权：持有超过3%股份可以在股东大会召开十日前提出临时提案并书面提交董事会；

⑨ 1%，代位诉讼权：可以有间接调查和起诉权，即可以书面要求监事会或董事会向法院提起诉讼。

2. 公司形式的选择方法

确定企业股权的比例之后，就是企业的法人架构设计了。法人架构主要是由企业的性质来决定的，比如是开有限责任公司还是无限责任公司。

不同性质的公司所承担的责任不同：

无限责任公司是承担无限连带责任。如果公司破产了，不只有当前的公司破产，还有股东家庭的财产参与清偿。如果尚不能抵偿债务，以后赚了钱，还需要继续赔偿，只有偿清全部债款才结束。

有限责任公司承担有限连带责任。有限连带责任通常是以注册资本金额来承担的。公司的注册资本金额有两种形式：一种是实缴，就是注册资本金额是多少就缴多少钱；另外一种是认缴，就是由公司股东约定认缴金额与出资期限。目前，大多数民营企业都采用认缴的方式。

我的一个学员在注册公司时，注册资本金额为8888万元，实缴了2000万元，如果公司真的出事要破产清算，股东要先把剩余的还没有实缴的注册资本金补上。后来，我告诉他这个风险后，他又去把公司的注册资本金改成了888万元，问题又来了，如果公司以后想要上市，注册资本金额的变更会在严格的审查中产生疑义。所以，有些事情看似小事，最后都是大事。

有限责任公司分三种类型：第一种是一人有限责任公司，所谓一人有限责任公司就是公司只有一个股东。《中华人民共和国公司法》第六十三条规定，一人有限责任公司的股东不能证明公司财产独立于股东自己的财产的，应当对公司债务承担连带责任。针对中国民营企业管理规范的实际情况，尤其是真实存在着股东个人财产与公司财产不能明确划分的情况，即使注册的是有限责任公司，本质上却要承担无限责任。第二种是其他有限责任公司，又叫多人有限责任公司，股东的人数为2–50 人。第三种是股份有限责任公司，股东人数超过50人。三者的本质区别是人合还是资合。

典型案例

2015年，当时流行P2P小额贷款，有个老板想开一家冷冻食品公司，贷款时银行要求有公司做担保。这个老板就找了一个朋友，用朋友的公司做了担保。后来这个老板经营失败跑路了，债权人就找上了这个朋友。这个朋友一开始没把这件事当回事，因为他在担保的时候，已经把公司的资产转移了。没想到，债权人向税务局举报担保企业税务不合规，存在两套账。

税务局稽查发现公司财务上的各种问题，直接出具了逃漏税的处理报告。债权人拿着税务局的处理报告打清偿官司。在清偿的时候，由于债权人证明了担保公司存在两套账，公司的资产转移私用，判决不能只用公司的资产清偿债务。最后这个朋友的个人资产连同家庭资产，也参与清偿。明明是有限责任公司，因为税务不合规变成了无限责任公司。不合规、公私不分，是有限责任公司的死穴。

3. 无限责任公司税务分析

第一种无限责任公司是个人独资企业，个人独资企业不征收企业所得税。我国的企业所得税税率是25%。想要省掉这25%的税收成本，其中直接有效的方法是通过成立个人独资企业，鉴于个人独资企业个人所得税的征收存在查账征收与核定征收两种方式，特别是在核定征收的情况下为企业及股东可能带来的收益很直观：

（1）降低个人所得税

如果今天你想从公司获得100万元股息红利收入，那就要缴纳20万元的个人所得税。如果成立一家个人独资企业，从雇佣的劳动关系改成为企业提供服务的劳务关系，则可以缴纳不高于以有限责任公司承担的增值税和核定征收的个人所得税，在一些特定情况下只需要缴纳约2万元的个人所得税，节税比例相当大。

（2）解决业务实际有发生，但没有发票的费用

企业在经营过程中，会遇到实际发生了业务但是没有办法取得发票的问题，不好做账，同样也可以通过个人独资企业来解决。

第二种无限责任公司是合伙企业。合伙企业的一个用处是作员工持股平台，特别是一些想做股权激励的老板，建议成立一家有限合伙企业，在合伙企业里，员工持有股份作为有限合伙人，老板或老板控股的公司做普通合伙人，在由有限合伙企业持有公司的股份，这样做的好处就是老板可以牢牢抓住公司的控制权。合伙企业的具体内容会在后面章节介绍。

不仅如此，合伙企业还可以用来作股权转让的交易对象。如果有人想收购某公司的股份，一般情形下都是溢价出售股份。这时就会产生一个问题，

溢价的部分要缴纳个人所得税。如果想要少缴纳个人所得税，就可以由合伙企业来持有并转让股份。合伙企业转让股份的个税征收在某些地区也存在着核定征收的征管方式。

第三种无限责任公司是个体工商户。鉴于个体工商户的规模普遍较小，因此个体工商户一般是定额缴税。个体工商户只需按时定额缴纳即可。个体工商户是小规模业务以及公司主营业务的补充板块的不错选择。

第三节　控股公司的设计套路

1. 成立控股公司原因

有个老板与自己的弟弟和同学一起开了一家建筑公司。刚开始没有在意股权的问题，因为也不知道公司能不能做大，所以这家建筑公司有三个股东，即大哥、弟弟和同学，分别占股40%、30%、30%。这种股权分配在当下的民营企业很常见，但潜在的问题也很大，因为他们中没有任何一个人有绝对控股权，所以当老板的大哥在重要事情上必须征求弟弟或同学的同意才能继续推进。

经营多年有所成绩之后，大哥希望转型做房地产公司，做房地产要投入大笔资金，于是想把原来建筑公司挣的钱拿出来，但是弟弟和同学都不同意。因为大哥只有40%的股份，并不能实际掌控原来的公司。那么大哥该如何取得原来公司的控制权呢？股权架构设计。成立一家控股公司，在控股公司里有两个股东，分别是当老板的大哥和弟弟，大哥占60%股份，弟弟占40%

股份。大哥在控股公司中拥有控制权，而原来公司的股东转为由控股公司和同学共同持股，控股公司占70%的股份，同学占30%股份，控股公司就拥有了实际控制权。而控股公司的控制权又是在大哥这里，实际上大哥是通过控股公司，即使股份不过50%依然能控股一家公司，这就是股权的杠杆作用。

有很多公司在成立之初，并不在意股权的问题，导致公司的股权分配不合理，在公司的控制权上出现很大的问题。通过成立新的控股公司，能有效获得公司的控制权，而且还能节省20%的个人所得税。

如何节省20%的个人所得税呢？当老板经营企业赚钱后要投资新的业务，成立新的公司，这个时候成立新公司的资金如果是从老板原有经营公司分红所得的话，老板要缴纳20%的股东分红个人所得税。但是，如果是用控股公司持股经营的企业，这些企业盈利后分红给控股公司，控股公司（境内）收到分红是免征企业所得税的，换句话说，减少了投资前分红到自然人股东这一步，变成了直接由控股公司投资的方式，因此在投资前节省了20%的个人所得税。

控股公司的成立还有助于财富传承。如果企业老板做股权激励，激励某个员工10%的股份，那么这名员工对这家企业名下所有的土地、物业、厂房和机器等都拥有10%的所有权，企业老板就会犹豫要不要进行股权激励。但是当企业的土地、物业、厂房和机器，甚至知识产权等资产都是在控股公司里，被股权激励的对象所分得的股权在运营公司里，被激励的对象就不拥有这些资产的权利，而老板可以通过转让控股公司股权给自己的直系亲属，从而实现财富的传承。

不仅如此，控股公司还会形成资金池效应。当老板名下有多家公司时，如果没有控股公司，资金往往是在老板名下的公司里借来借去。一旦有了控股公司，某家公司赚到钱可以分红给控股公司，控股公司收到分红不用缴纳企业所得税，当控股公司拿到分红资金后，再注入其他被控股的公司。以此类推，虽然中间隔了一家控股公司，但是公司的账目非常明晰，控股公司下面的公司就不用签订借款合同，也不用缴纳利息所产生的相应税费。

2. 控股公司的操作重点

既然要成立一家控股公司，具体该如何操作呢？

（1）时机选择要慎重

控股公司什么时候成立比较好？最好是在第一家公司的年营业额达到1000万元以后，或在计划成立新公司的时候，成立控股公司，再成立主体运营公司。

（2）性质划分要明白

控股公司一般情况下是采用有限责任公司的形式，因为控股公司有家族财富传承的作用，所以，一般不会有家族成员之外的人成为股东。

（3）取名要低调

在取名时，不建议取某某集团、某某控股或某某投资公司，最好取某某管理咨询、某某信息技术或某某科技公司等相对低调的名字。

（4）注册地点的选择

注册地点一般有如下选择：第一个选择是上一级行政单位所在地，比如上一家公司在杭州，那就可以选择在北京或者上海注册。第二个选择是熟悉的地方。比如老家在哪里，就把公司注册在哪里。第三个选择是税源充足的地方，我国一共有18个税种，税源越充足，税务稽查的机率就越小。第四个是税收洼地，现在企业节税越来越难，税收洼地也是一个选择。第五个选择是IPO绿色通道，对于想要上市的企业，注册在IPO绿色通道的地区，有利于缩短上市的周期。

（5）注册资金有讲究

注册资金尽量不低于运营公司注册的最大资金。例如运营公司注册资金是1亿元，控股公司只有100万元，有点小马拉大车的意思。

（6）控股公司要干净

控股公司以投资、持有所控股企业的股份为主要目的，尽量少做业务。

典型案例

甲公司投资400万元、乙公司投资600万元共同成立A公司。目前甲公司账上有未分配利润500万元、盈余公积500万元，现在甲公司把股份全部卖给乙，作价1200万元，请问要怎么卖？交多少税，如何转让？

方案1：直接转让。

最直接的办法就是直接转让，卖价是1200万元，成本价是400万元，中间的利润就是800万元，那么要交25%的企业所税，相当于200万元。

方案2：公司持股，先分红再转让。

公司有500万元未分配利润，可以先将500万元分红给甲公司，甲公司占比40%，相当于分红200万元。因为分红是从公司到公司，所以不用交企业所得税。由于已经分完200万元，公司实际只需要再支付1000万元，要交600万元乘以25%的企业所得税，即150万元。

方案3：撤资。

甲公司撤资后，股东就只剩下乙公司。根据撤资的优惠政策，1200万元里要先减去400万的投资款，再减去500万元未分配利润和500万元盈余公积所占的40%，再乘以25%，才是所交的企业所得税，即100万元。

方案4：进行股权架构设计。

分红后，把甲公司的股分转让给在税收洼地新设立的合伙企业，合伙企业核定个人所得税为7%，相当于1000万元乘以7%，只需要交70万元的个人所得税就从公司把钱拿出来了。

方案5：由专业顾问提供税务筹划，例如，并购亏损企业，使盈利为0，交税也就为0。

纳税	直接转让	分红再转让	撤资	股权架构设计	专业筹划
	200万元	150万元	100万元	70万元	0

典型案例

WDYX公司投资10亿元，现在有风投公司出30亿元收购WDYX公司10%的股份，应该怎样交税？

第一种方式：首先是企业所得税：（30−1）×25%=7.25（亿元）；然后是个人所得税：（30−1−7.25）×20%=4.35（亿元）。一共要交税：7.25+4.35=11.6（亿元）。

第二种方式：可以通过持股公司将股份平价转让给WSC公司，WSC公司个人再转让给风投公司，这样一来只需要缴纳个人所得税：（30−1）×20%=5.8（亿元），足足节省了一半的税。

第三种方式：WSC公司在税收洼地成立合伙企业，该合伙企业享有个人所得税40%的返税优惠，再由合伙企业转让股份，所需要交税（30−1）×20%×60%=3.5（亿元），相当于节税8.1亿元。可见，财税管理的水平不同，所交的税金数额也不相同。

第四节　股权架构的转变：合伙企业的运用

股权架构设计中还有一种公司会常常被用到：有限合伙企业。虽然名字里有“有限”二字，但它却是无限责任公司。

有限合伙企业分为普通合伙人（GP）和有限合伙人（LP）两种。普通合伙人，对合伙企业承担无限连带责任，拥有表决权，可用劳务出资，即使占1%的股份，也能控制这家公司。而有限合伙人承担有限责任，无表决权，不能用劳务出资。

所以，从性质来看，通过合伙企业的运用，可以用很少的股份来控制一家公司。

典型案例

蚂蚁金服的全称是浙江蚂蚁小微金融服务集团有限公司，早期，蚂蚁金服有两个股东，一个是杭州君瀚，另一个是杭州君澳（资料源自“天眼查”），这两家公司都是有限合伙企业，首先我们要清楚谁是GP，谁是LP?

> 杭州君瀚由马云和谢世煌做LP，杭州君澳是刘振飞、吴永民、陆光吉等20个阿里高管担任LP，这两家有限公司由杭州云铂投资咨询有限公司做GP。由此可见，蚂蚁金服的实际掌控权在杭州云铂。而杭州云铂的实际掌控人是马云。
>
> 马云为什么不直接做GP，而是选择一家有限责任公司来做GP呢？如果马云直接做蚂蚁金服的GP，那么他个人就要对蚂蚁金服承担无限连带责任，通过一家有限责任公司做GP，来承担无限连带责任，这样操作就不需要马云个人承担无限连带责任。所以马云是通过投资杭州云铂的1000万元注册资本金实际控制了市值千亿的蚂蚁金服，而他个人又是以1000万元承担有限连带责任。

现在很多企业陆续推出城市合伙人模式，采用的是项目跟投机制，即在公司内部先立项，然后再向地方城市扩展。公司内部员工可以跟投项目，那么员工就也成为了投资人与合作伙伴。这时，就需要成立持股平台公司、有限合伙企业，把投资人、合作伙伴和员工一起整合进来。具体操作步骤：老板分别成立两家合伙企业，老板或者老板持有的控股公司作这两家合伙企业的GP，两家合伙企业一家内部员工作LP，另一家外部投资人与合作伙伴作LP，这样不论内部员工和合作伙伴在这两家合伙企业持有多少比例的股份，老板或者老板持有的控股公司作为GP都是牢牢抓住了公司的控制权。

这里的一个小知识点，老板如果认为自己作GP承担无限连带责任有风险也可以由控股公司作GP，有限+无限就变成有限责任了。当然老板在开展城市合伙人项目时，如果在当地与有资源的人成立合资公司时，尽量控制67%以上的股份。这样一来，这家公司的控制权就牢牢地掌握在老板手里了。

典型案例

何享健拥有美的控股95%的股份，剩余的5%由家庭其他成员共同持有。美的控股全部在他们家族的控制之下，然后用这家控股公司投资美的集团，拥有31%的股份，是最大股东。由于美的集团是上市公司，其他的股份分散在投资者手上，这31%就能牢牢掌握实际控制权。

何氏家族还可以用美的控股去投资其它业务板块，跳出了电器的圈子。这样设计的好处是，何氏家族掌握美的公司控制权的同时，将经营权交给了职业经理人方洪波，由职业经理人管理企业，何氏家族每年的分红原本要缴纳20%的个人所得税，但是现在美的集团的分红直接给到了美的控股，美的控股是不需要再缴纳企业与个人所得税，以此实现了家族利益的最大化。

另外，美的控股还可以投资其他业务板块，这些版块独立成立公司，还可以独立上市。相当于何氏家族用一家公司未来可以控制多家上市公司。

第五节　团队激励方式的阶段性考虑

1. 团队激励的本质：让员工与公司一路同行

很多公司没有搞定员工是因为员工没有分享到公司发展过程中的红利。很多老板跟我聊到，不是不舍得分钱，不是不想让这帮手下升官发财，总还是要论功行赏吧，可最大的问题是财务核算工作没有做到位，完全拿不到财务数据，收入、费用、利润的核算完全没有落到部门、个人或项目上，根本没办法“论功行赏”，这个理由真是让我哭笑不得。所以我经常讲，如果公司的绩效有问题，很可能问题是在财务管理与核算上了，绩效的起点是财务，账都算不清楚是无法精细化管理企业的。

公司的执行力通常由员工的思维、员工的能力和对员工的管理决定的（详见图2-1）。

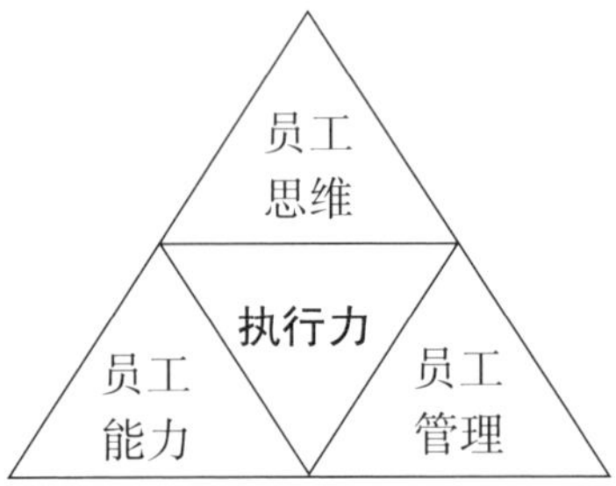

图2-1 公司执行力

员工思维：想到一块。所谓想到一块就是员工与企业的愿景、使命和价值观相同，以此打造企业文化和氛围，如果员工不能跟老板想到一块，执行的效果自然会大打折扣。

不认同企业价值观的员工，会有很多负能量，在工作中常常抱怨困难或是不认同企业的做法，久而久之甚至会影响到公司其他员工，所以一定要避免这种情形的产生。

员工能力：长到一块。透过完善的培训计划员工能力得到提升，，只有积极培养员工，大胆使用给员工成长和犯错的机会，员工的能力才能进步。很多企业往往忽略员工培训的重要性，长久下来，企业的效益无法突破。因为只有员工成长了，公司才会成长。

员工管理：做到一块。要用系统化的思维，通过预算管控（定目标）、执行报告（抓过程）、绩效考核（拿结果）和利润分享（重分享）四个工具来实现。预算管控制定目标，执行报告追踪落地过程和发现问题，，然后通过绩效考核来检验成果，最后进行利润分享，让员工获得应有的奖励，论功行赏。

2. 企业设计激励方案所需要的财务思维方式

公司对员工的激励有多种方式，不同的激励方式会产生不同的效果。在这里介绍三种企业激励方案所需要的财务思维方式，分别是：步步为营、错层设计、从硬到软的立体设计。

（1）步步为营

民营企业最大的问题是激励的手段太多，管理的手段太少。员工刚进公司时，拿的是基本工资，通过考察之后，老板给员工涨薪，半年后又涨了一次，员工却离职了。这是一个普遍的现象，流动的人心，不变的是人性。如果企业管理者不能识人心懂人性的话，老板很难管理好员工。

员工工作第一个月拿到工资时非常高兴，涨薪的激励也很有用，但是一年后这种激励的效果基本就消失了。员工再工作半年，老板又拿出股权来激励他，他拼命做事，以报答老板的知遇和提携之恩。可是半年后，员工可能会产生一种思维，事情都是我做的，业绩都是我创造的，却只给我这么一点股份。员工的心理会随着时间的推移、企业的发展而产生变化。

有一个老板就是这样做股权激励的，员工花了20多万元购买了公司的原始股份，但是两年后，员工又不满足了。不得不采用更大的激励手段，可老板还要拿什么去激励员工呢?

老板做股权激励时，一定要有步步为营的思维。试想，如果一开始就进行股权激励，以后再拿什么来激励员工。今天你把股份给了员工，明天还拿什么，最终员工只会离职。所以不能一开始就进行股权激励，而是通过更多不同的激励手段，一点一点提升员工的福利，先做一，再做二，而不是直接跳到最后的方法。

所谓步步为营的方法，顾名思义就是一步一步提升激励的方式，而不是一下子给员工很大的激励。实际激励变化模式如下：

固定工资—提成—绩效奖金—利润中心—虚拟股票—期股—注册股

通常是从固定工资到提成，然后是绩效奖励，利润分享，最后到虚拟股票、期股和注册股。员工给公司创造多少利润，就给员工多少分红，还可以通过虚拟股票的方式，让员工变相持股，华为公司就是采用虚拟股票来激励员工。最终采用期股和注册股的方式来激励员工，循序渐进。

（2）错层设计

错层设计是对企业的结构进行层次划分，不同层次的人采用不同的激励方式，参与不同的分红模式。通常有以下几个层次：

项目—事业部—子公司—集团—企业

错层设计最大的好处是激励方式的区分很明确，在企业哪个层面作出贡献，就享受相应层面的激励。员工所在的层面不同，对企业作出的贡献自然不同。项目经理在各个项目上奔波，事业部总经理管着一个业务单元，总部高管位于集团层，人在哪里就在哪里得到利益分享。最终，员工在不同的层面创造不同的价值，所有的价值汇集起来就是企业的价值。

（3）从硬到软的立体设计

对于优秀人才的激励，还要采用从硬到软的立体激励方式。这种激励方式也是一步一步来的。

所谓硬激励就是直接式的激励，让员工获得既定利益。

硬激励又包括短期激励和长期激励。短期激励就是给员工许诺短期利益，主要通过提成和绩效奖金来实现，这两种是员工可以与工资一起拿到手的，所以是短期激励。

长期激励则是通过利润中心、虚拟股票和期权来实现的。这几种激励方式主要是参与公司的利润分红，但不能立即获得，需要通过股东大会以后才能拿到，所以是长期激励。

短期激励给予的是短期收益，长期激励提供的是未来希望，对核心员工而言，长期激励更能激发其斗志，让其成为企业的一部分，与企业一同发展。

与硬激励不同的是软激励。软激励更多是对员工的关爱与成长方面的激励手段，往往会收到奇效。现在很多老板都会忽略员工的发展激励，仅仅只是通过硬激励来留人，事实上员工为企业奋斗不仅仅只是为了收入增加，也会为了个人成就感和对家庭的利益考虑。

所以企业进行发展激励可以从关爱员工家人、职业发展、增加员工培训投入成本、清楚的晋升通道和落户指标等几个方面来进行。

很多企业在传统节日不仅给员工发放礼品，还会给员工的家人发放礼品。广州ELHX服饰有限公司每个月会给员工的父母发500元的工资，假如有一天店长想要离职时，都无需老板亲自挽留，他们的父母就会出面劝阻。给父母发工资的企业上哪找。虽然只是微不足道的举动，却给员工带来了强烈的归属感。

事实上，对员工而言，尤其是处于发展上升期的员工，并不仅仅希望拿一份工资，自我能力的提升也一样重要，对职涯道路清楚的认知，能透过在企业里学到新的东西，看到晋升的通道，从而产生奋斗的动力。这些方式看似没有实质激励，却对员工的心理产生巨大的正面影响。

员工的职涯发展主要是通过增加员工的培训投入来实现的，通过培训让员工获得更大的提升空间，改变员工的固化思维。所以很多老板会定期给核心员工报培训班，尤其是财务人员，参加财务培训不仅能提升员工的财务知识水平，还能为公司创造更大的价值。

一个成功的企业一定是学习型组织。我们经常听说某某企业是行业的黄埔军校，羡慕的同时不禁要感慨企业培养员工的能力，这样的企业往往都是行业龙头。卓越的老板一定是出色的老师，他带领的团队不仅是管理、考核和激励，更是让员工不断地提升和成长，每天学习，每日进步。

企业要给员工清楚的职涯发展通道，为员工的发展提供舞台。通过新业务的开发，让员工的职涯道路得到延伸，这样才能打造良好的企业氛围，让员工舍不得离开，甚至离开的员工想重新回来。

3. 财务通则绩效通

无论用什么样的激励方式，财务通才能绩效通，缺乏准确的财务核算，就不会有科学的绩效考核。为此，企业需要做好两件事：

第一，单独核算每个部门的收入、费用，杜绝模糊不清。任何激励手段，都要以财务的核算为基础，而不是老板觉得、高管觉得就能执行，必须有详细的数字和清楚的报表支持。

第二，财务KPI指标考核要从打分制到计算制。不能凭感觉去打分，而是员工完成了多少利润指标，给公司带来了多少效益，通过指标的完成来决定最终的奖励。公司的财务必须根据一套标准的计算方法，通过计算结果进行利润分配。

公司激励员工时，这两件事非常重要。也就是说只有财务管理做好了，公司的激励手段才能落到实处，为公司和员工带来最大化效益，实现双赢，共同成长。

【落地工具】财务部目标责任书

责任时间：_____年_____月至_____年_____月

工作项目	工作目标	权重比例	内容分解说明	完成时间
战略系统				
账系统				
钱系统				
税系统				
预算管控系统				
执行报告系统				
利润增长系统				

我承诺：我协同财务部门完成上表列示的绩效任务，我对我的目标百分之百负责，我的使命就是达成和超越目标，如果无法完成任务，我愿意接受公司的奖惩制度！

财务负责人（责任人）：　　　　董事长（批准人）：

日期：　　　　日期：

企业团队激励自查表

模式	详情	本公司选择
激励方式选择	固定工资+提成	
	KPI绩效考核	
	利润中心分享：按部门核算利润	
	虚拟股票	
	注册股	
财务核算层次	产品利润	
	项目利润	
	部门利润	
	事业部利润	
	公司利润	
激励多样性	短期激励：提成、KPI考核	
	长期激励：利润中心分享；虚拟股	
	票；股权	
	发展激励：关爱员工家人、关注员	
	工职业发展、加大培训成立培训部或商学院、晋升通道、落户指标	

思考空间

一、填写2020年财务经理绩效考核表。

二、企业的系统能力评估规划有没有做完?

三、控股公司的股权架构如何进行设计?企业的未来发展应该怎样规划?

四、根据企业运营模式与业务模式，在法人架构设计中需要一些文件，比如控股公司股权的确定、有限合伙企业协议、一致行动人协议以及委托投票权协议等，可能还需要找到合适的税收洼地注册个人独资企业。思考一下，这些材料该如何准备?

五、基于公司在团队激励方面的改善计划，财务核算账目要做哪些相应的改进升级?

六、是否清楚企业的利润来源?每个季度、每个部门的花费?并形成细致的财务报表。

第三章

看得见的“面子工程”——账系统

左老师的点拨箴言

1. 哪些产品是拳头产品、哪些客户是优质客户，不只要看它们的利润率更要看贡献率，即产品的利润率与该产品的存货周转率；该客户的利润率与该客户的应收账款周转率。
2. 系统=流程+报表，管理=人+系统
3. 老板必须坚持：无报表不管理，无报表不决策，无报表不会议。
4. 民企财务最大的问题是只拿会计报表应付老板管理企业的需求。

第一节　民企财务账现状分析

1. 民企财务账的五个发展阶段

财务账通常有五个阶段。

第一个阶段是流水账。代理记账公司负责记外账，内部记流水账，主要记录资金的流入与流出。很多企业目前的账是流水账，它体现不了成本和利润以及客户的往来。

很多老板有这样的疑惑，给职业经理人多少奖金才合适。其实奖金的多少得看他为企业创造了多少价值。老板按销售收入来考核，或者按利润、按回款来考核。对销售而言，如果只按收入考核的话，最后会拼命卖一些没有利润的产品，拿更多的奖金，公司却没有什么利润可言。

第二个阶段是糊涂账。企业虽然有专门的财务人员，但是财务人员的专业水平不足，企业缺乏标准化的财务管理流程，同时数据的核算比较粗糙，不能提供有用的数据与报表。具体的“糊涂”体现在收入糊涂、费用糊涂、资金糊涂。

我一个学员的企业规模越做越大，可是利润却越来越少。收入虽然在不断地增长，但是根本没赚到什么钱。为了提升企业的利润，他打算转型做附加值更高的产品、服务更优质的客户。老板于是让财务人员提供分产品和分客户的利润表，然而财务的回答是“老板我做不到”，财务只会算企业的整体利润，没办法核算每个产品、每个客户的利润。这样一来，老板根本不清楚应该主推什么产品，深耕什么客户。

企业的主打产品和重点服务客户应该是由利润率和周转率决定的。那些回款快、利润率高的客户应该优先供货。即使利润很高，但是如果回款特别慢，其实这类客户也并非是优质客户，因为资金没有回流，效率太低。财务应该给老板提供一个分析模型，对产品、对客户进行排序。公司在做决策时，一定要看数据。

分析产品的好坏时，有一个重要的指标是产品贡献率：

产品贡献率=产品的利润率×该产品存货周转率

企业应当多生产哪类产品，主卖哪类产品，应该考虑产品的贡献率。公司进行产品分类管理时，通过毛利率判断产品能不能赚钱。但是有一些产品的利润率虽然很高，可是周转特别慢，例如，一年可能就只卖一批，那么即使该产品利润率很高，依然不能成为主推产品。所以，企业不能只看利润率，还要看存货的周转率，用科学的方法去计算。

除了产品，企业还需要对客户进行分类管理。客户的管理主要考虑客户贡献率：

客户贡献率=客户的利润率×应收账款的周转率

有些客户的利润率虽然很高，但是回款很慢，应收的账款迟迟不能到账，那么这类客户的实际贡献率其实也不高。

无论是产品的分析，还是客户的管理，都需要企业清楚的财务账做支撑。如果企业记的是一本糊涂账，没有对产品利润率和存货周转率进行明确的计算，没有对客户利润率和应收账款周转率进行分类，那么根本就不知道哪个产品、哪个客户才是企业的重点对象。所以，记一堆糊涂账的企业是没有办法做精细化管理的。

第三个阶段是核算账。财务部建立了比较完善的账务流程，能够提供多维度的收入、成本、费用分析，可以清楚看到产品、客户、行业和区域的详细数据。可以按部门甚至个人来核算收入、费用和利润，为老板管理企业提供有力的支持。

第四个阶段是合规账。在核算账的基础上，通过税务筹划帮助老板赚取“税务利润”。如果通过税务筹划让企业一下子省下几百万元，那就是直接的利润。

第五个阶段是管控账。在企业内部建立了完善的财税系统，通过预算管理、成本分析和控制、制定KPI关键绩效考核指标、企业管理报表等手段来为老板提供决策支持。到这个阶段，企业的财务账就非常成熟了。

2. 财务混乱的原因与解决方法

民营企业的财务现状之所以混乱，原因无非有以下几种：

（1）老板不想做明白

老板不仅账不想做明白，甚至还给二股东、三股东各做一本账。这样一来，便于浑水摸鱼。

（2）找信任但缺乏能力的人来管理财务

现在很多老板喜欢用自己信任的人做财务工作，甚至直接找老板娘来做财务总监。但是态度不等于能力，信任无法取代专业。

（3）老板本身不懂财务，不知道要求财务人员做哪些事情

如果老板不向财务人员提要求，财务人员自然不知道要做什么报表、提供哪些数据。甚至有些老板认为财务不重要，根本就不提要求。

（4）企业的财务人员水平参差不齐，导致财务账混乱不堪

财务人员能力差，不学习，缺少工具和方法，自然做不好。现在优秀的财务人员毕业后第一选择就是考公务员，进税务局、财政局；稍微差一点的也进了大型国企、银行或是外企；再差一点的也是进了大型民营企业。中小民营企业的选择自然比较局限。所以更需要正确引导，精心培训，才能为企业培养出优秀的财务人员。

（5）高管不懂财务

如果企业高管缺乏财务思维，财务和业务就会脱节高管不理解财务，自然没办法解决问题。

那么，企业财务账混乱应如何解决呢？第一，老板学财务，主导企业财税系统的建设；第二，高管学财务，建立财务思维，通过财务思维来指导工作，并对企业的利润负责；第三，财务人员要学财务，主要是提升财务人员的专业水平和财务能力。

第二节　拨乱反正：账系统建设规划方案

1. 账系统的主要内容

账系统包含哪些内容？该如何进行搭建呢？（详见图3–1）

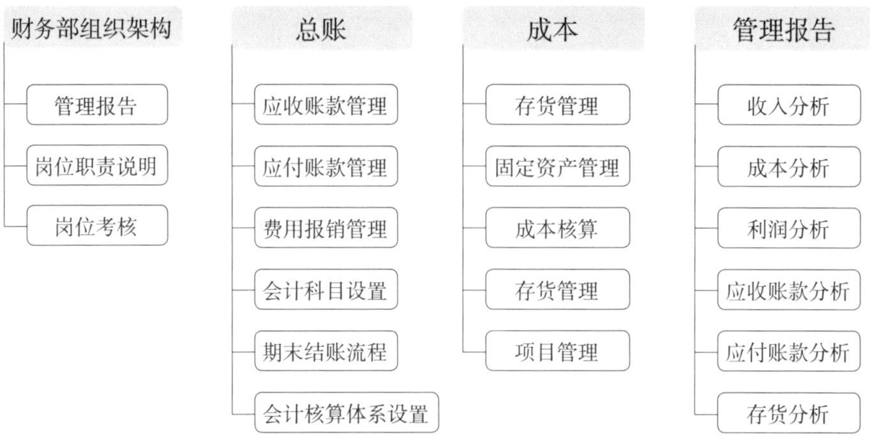

图3-1　公司账系统组织结构

首先，财务部组织架构的设计，包括岗位设置、岗位职责说明以及岗位考核。这是企业财务部的总体架构，财务部需要多少人，具体负责哪些事情，同时明确财务部每个岗位的考核标准。

其次，企业的总账也叫账务管理。一般企业都有类似的财务职能设计：总账会计、应收账款会计、应付账款会计、费用报销会计，以及会计科目的建立，期末结账的流程和会计核算体系的设置等。每个财务职能都应该有标准的财务流程。

再次，企业的成本管理。主要包括存货管理、固定资产管理、成本核算和项目管理。

最后，管理报告。管理报告一般会分析企业的收入，成本和利润，同时还要分析应收账款、应付账款和存货。管理报告能清楚地看到企业的利润和资金占用情况，为老板的决策提供有力的支持。

2. 经典的财务部组织架构

企业的财务部应该如何搭建？需要多少人？设置多少个部门？这与企业规模有关。经典的财务部组织架构见图3–2。

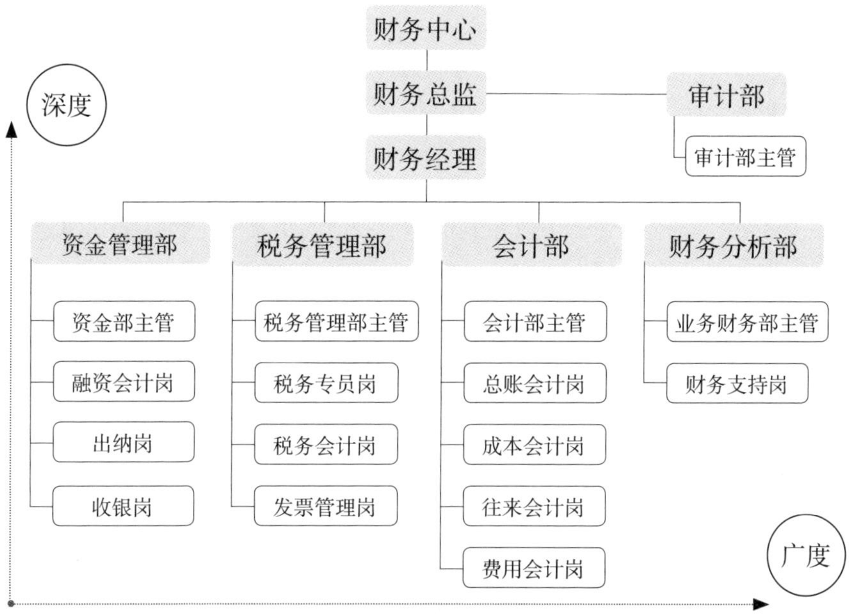

图3–2　经典财务部组织架构

企业财务部的核心负责人是财务总监，财务总监下设有财务经理，下面一般设有四个部门，即资金管理部、税务管理部、会计部和财务分析部。资金管理部为企业的资金负责，进行计划管理，设有资金管理部主管、融资会计岗、出纳岗和收银岗。

税务管理部为企业的税务负责，由税务管理部主管统筹，其下设有税务专员岗、税务会计岗和发票管理岗。

会计部主要对企业的收支费用进行核算，设有会计部主管，总账会计岗、成本会计岗、往来会计岗和费用会计岗。

账务分析部主要是帮助企业的业务团队提供经营分析，设有业务财务部主管，还有财务分析支持岗。

从上面的财务部架构来看，至少要有7个人以上。不过当下中小民营企业财务部的人数一般只有两三个，那么如何设计呢？建议：一个是财务经理，主要做财务分析报表，资金管理计划、税务管理与会计工作的审批。一个是会计，主要做账，负责公司所有的账目。再一个是出纳。有的公司会计和出纳是同一个人，这非常危险，会计和出纳必须分开，因为他又做会计，又做出纳，既做账又管钱，缺乏监管，可以在老板毫不知情的情况下把钱从公司拿走。

其实，老板投资在财务上，是一笔投资回报率特别高的买卖。很简单的例子，只要财务制定好流程、制度控制成本，一年可能就节省很大一笔报销费用，绝对物有所值。

第三节　民营企业六大历史遗留问题应对方案

1. 账外资金回流，账上其他应付款过大

民营企业一个很大的财务问题就是账内资金不够用，账外资金往回流，向股东借款，长期挂着其他应付款。这种情况是如何产生的呢？有些企业销售时，因为客户不要发票，老板直接让客户把钱打到了老板的个人卡中，并没有进到公司的账户，钱在个人账户中，然而企业经营是需要资金的，于是老板再把个人卡上的钱转到公司账上，做成公司向股东借款。会计记账，就

挂上一笔其他应付款事实上，老板用个人账户收货款税务风险很大，是税务稽查的重点。因为税务局只要看到企业资产负债表上的其他应付款余额比较大，就判断企业有可能存在用个人卡收货款的情况。

税务局可以查证个人卡上的流水，如果一个月按100万元来算，一年下来就是1200万元，10年下来就是1亿多元的流水。税务局会问你这1亿多元的流水是怎么回事？讲清楚流入的钱是从哪里来的？如果被证明是公司业务所产生的交易流水，老板就要补缴增值税、企业所得税和个人所得税。因为这是企业经营业务收入，需要缴纳13%的增值税，就按1亿元算，也就是1300万元。交完增值税，还要交企业所得税，因为这1亿元没有成本，所以又要缴纳2500万元的企业所得税，个人所得税等于1亿元减去2500万元，再乘以20%，相当于1500万元的个税。这样算下来，总共要补交5300万元的税。具体计算过程详见表3-1

表3-1　具体计算过程

增值税	企业所得税	个人所得税
1亿×13%=1300万元	1亿×25%=2500万元	（1亿-2500万）×20%=1500万元
总计：1300万+2500万+1500万=5300万元		

这仅仅是补交的税，还需要缴纳罚款，最高5倍，就算只按一倍来罚，也需要在5300万元上，再缴纳5300万元罚款。除此之外，还有滞纳金，每天万分之五，年化利率18%。所以算下来，大概要缴纳1.2亿元的税款、滞纳金及罚款等。

那么应该如何解决呢？立即进行账面资金偿还。如果账上有钱，赶紧把钱还给老板。如果账上的资金不够，不能进行账面资金偿还，可以采用老板借款注资，入账后再还回老板。比如公司有其他应付款500万元，老板可以先从外面借500万元，做为过渡资金，以股东注资的形式打入公司。现在大多企业都是认缴的，等钱注入公司后，公司的账面上就多出了500万元，再把这500万元还给老板，其他应付款清掉，同时也完成了实缴义务。

以上两种方法却只是权宜之计，最重要的还是要做到两账合一，但不是长久之计，公司的账务还是需要系统化的规范，规规矩矩一套账也就不存在上述问题了。

典型案例

深圳有一家公司，请代理记账公司帮忙记账，将报往税务局资产负债表上的单位弄错了，本来是用“万元”为单位进行上报，可是代理记账公司在做报表直接按原来的报上去了，导致公司的其他应付款余额变大。

税务局进行稽查时，要求提供公司“公户”流水和“老板个人卡”流水。所以，找代理公司记账非常不“靠谱”，账务必须是老板的“自己人”，而且将有问题的财务报表报给税务局，相当于向税务局举报自己。

2. 涉嫌虚开增值税发票问题，即“四流”不一致

公司的业务完成会涉及物流、合同流、货物流和资金流，如果“四流”不一致，存在潜在的税务风险。应该如何解决？

第一，立即终止。

第二，如果公司存在“四流”不一致的问题，通过改变交易模式、完善相关合同等证据链条，使之符合“四流”一致。

第三，如果只有资金流不一致时，可以采用三方债转协议，或者让收款公司出具盖有公章的委托收款协议。如果收取了现金，要开据收款收据。

3. 失控发票、不合规发票、费用无票

失控发票、不合规发票，费用无票但是费用合情合理，应该怎么办？也就是说费用是真实的，只是消费时没有取得发票，最直接的后果就是造成两套账，或是增加买发票导致被税务稽查的风险。解决办法如下：

第一，账面列支，税前调整。做账时按照会计准则，交税时按税法来交。企业所得税汇算清缴的时候，调整费用就可以了，但是需要多交企业所得税。

第二，税务局代开发票。

第三，重塑供应商系统，即把公司的采购部独立出来，单独成立一家公司，给自己供应商品。

第四，账外资金支付。

4. 股东分红不缴个人所得税与从公司借款

很多公司的股东分红时，没有缴纳个人所得税，直接从公司把钱拿走。这么做会带来法律风险和税务风险。所谓法律风险，就是有收入却不缴税，涉嫌职务侵占以及抽逃资金。所谓税务风险，就是分红不缴纳个人所得税面临处罚。

老板在公司借钱时，一定要有借款合同。在时间上，股东借款跨一个会计年度是需要缴纳个人所得税的。所以账上如果有其他应收款，建议会计年度结束前做清理。。

这种情况有四种处理方式：

第一，还回来，有借有还，把账上挂着的其他应收款清掉。

第二，借还轮回，所谓借还轮回就是年底还回，年初再借。

第三，作借款处理，签订借款合同，合同书写上不低于同期银行的贷款利率，而且借款人尽量不是法人或股东。

第四，发工资，交个人所得税。

5. 工资与社保基数不符

工资与社保基数不符会造成连锁反应。因为社保受国家《劳动法》《社会保险法》以及《社会保险费征缴条例》的保护，正是因为员工社保受到法律保护，所以是由国家强制执行的，私下约定就属于违法行为。有的公司员工为了多拿工资，向老板申明不缴纳社保税，但是这种协议没有法律效力。

现在，企业员工的个税、工资、社保也越来越透明，从源头上杜绝了少缴、漏缴的情况。因为，税务局既知道你的工资，还知道你社保缴费的基数，有些企业往往是按照当地工资最低标准去给员工上社保的，但是，如果按照正常去缴社保，又会大幅度增加企业的用工成本。

企业可以通过以下四个方法来处理：

（1）改变用工模式

从传统的全日制用工模式，转变成结合非全日制的用工模式、兼职员工和退休人员的用工模式。你可以招兼职员工，或者聘请退休人员。比如公司的清洁工，可以选择兼职员工，或是交给保洁公司来做。

（2）化整为零

公司可以采用自由职业者、个体工商户、小规模公司或者个人独资企业的模式解决。这种方式主要针对企业工资、奖金比较高的员工，通过化整为零，管理起来就方便多了。

如果企业的用人成本比较高，较多高管的薪水基本都在百万元以上，如果按薪金所得缴纳社保和五险一金与个人所得税，成本会比较高。针对这种情况，可以采用化整为零的方法，让高管成立个人独资企业，为公司提供服务，开发票付款去解决。

（3）劳务外包

将公司一些非核心的业务外包出去，或者利用股东名下的多个公司。

假如股东有13家公司，财务经理一个月2万元工资，除了服务主体运营公司以外，还负责另外12家公司的记账工作。那这2万元的工资就可以这样发了，在主体运营公司发6000元，财务经理和另外12家公司签订劳务服务合同，服务费各800元。相当于将2万元的工资分散到了不同的公司里，一部分是以劳务费的形式支出的。这样一来，就是按6000元来交社保，，因为社保只允许在一家公司交。

（4）报酬支付

可以采用合伙人分红、费用报销、期权激励等实物形式进行。给股东分红不用缴纳五险一金，因为股东分红不算社保基数，同样地费用报销也不算。

典型案例

有一家集服装设计、生产、门店、销售以及物流配送为一体的公司，通过价值链梳理可以有效降低企业的整体用工成本。

在设计开发部就有21个设计师，每个设计师的薪水都非常高，最高的一个设计师达到了100万元。可以采用化整为零的方式进行筹划，要求每个设计师成立个人独资企业，为公司提供设计服务，具体节税情况如下表：

	节税前	节税后	节约金额	节约比例
设计部员工人数（人）	21	3		
工资/劳务费金额（元）	5583750	5583750		
五险一金（元）	1675125	166320	1508805	90%
个人所得税（元）	893400	184264	709136	79%
总共节约（元）	2217941			

至于采购原材料，可以让采购部门跟能提供正规发发票的部门合作。如果不能提供发票，可以独立成立采购公司。

生产车间有62名员工，通过劳务外包，将原来由企业雇佣的员工转变成了外包的劳务公司，只需要跟第三方签订劳动合同，开具6%劳务外包增值税专用发票，原本的工人不再是企业的员工了，就不用缴纳社保了。

同时，这家企业大约有100家自营专卖店，可以通过合伙人的方式化整为零，将每家门店独立成个体经营户，实现最大化节税。

6. 老板如何从公司拿钱最安全、成本最低?

老板如何从公司拿钱才是最安全、成本最低的？如果老板要从公司拿钱，首先要清楚老板拿钱的用途，通常来讲有3个用处：1）用于再投资，投新的项目、新的公司；2）改善生活，买房买车等；3）有些老板觉得钱放在自己卡上才是自己的，钱一定要在个人卡上。针对不同的用途，要进行不同的税务筹划。

第一，如果老板拿钱用于再投资，通过公司的顶层构架设计来解决这个问题。比如某个老板有一家A公司，随着公司的发展，他想拿出一部钱来，不仅仅只是做原来的业务，还想做一家房地产开发企业B公司。B公司的钱主要是从A公司的利润里来。但是投资B公司的钱如何从A公司拿出来呢？

如果老板通过分红的方式，那么会产生一个问题，分红是要交个人所得税的。比如从A公司要拿1亿元，就要交20%的个人所得税，相当于多交了2000万元个人所得税。当然我们可以用A公司直接投资B，但实务操作中，老板想B公司与A公司是完全独立，因为老板做B公司并不想带着A公司原有的一些股东。

这个时候就要用到我们在上一章里股权架构设计的知识点成立控股公司，记住，如果老板业务多元化且希望长期持有经营，就不要用老板直接持有A公司的股份，而是由控股公司来持有。控股公司是A公司的控股股东比如A公司赚了1亿元，这1亿元分红给控股公司，控股公司收到分红是不用缴纳企业所得税的反过来，如果钱从公司汇到个人，就要交个人所得税。所以采用这种方式，通过控股公司的使用，就可以直接省掉20%的个人所得税。

第二，如果老板想要改善生活，比如通过公司来购买资产，最好的办法是用公司购买或者公司与个人之间建立资产租赁关系。举例，老板改善生活，买车。那么老板买车是用公司的名义买，还是用个人的名义买？最好是用公司的名义来买。因为用公司的名义购买可以抵增值税，100万元的车可以抵13%的增值税，相当于给公司省了13万元，除了增值税，还可以抵25%的企业所得税，除此之外，还能抵个人所得税。如果以个人的名义来购买，相当于钱要先从公司分红到个人，需要交20%个人所得税。如果老板已经用个人名义买车了，可以采用公司与个人建立资产租赁关系的方式，或者直接将车卖给公司，能以折旧的方式进公司成本，降低企业所得税。另外，如果销售人员拜访客户需要用车，销售员可以与公司签订私车公用协议，相当于把车租给公司。再放个大招，给财务人员发年终奖，我们换个模式，不发钱改成以公司名义给财务人员发辆车，当然车不是白发的，车先放在公司名下，公司与财务人员签订三个协议：第一个长期服务协议，只要财务人员在公司做满三年，那么车就归财务人员了，三年后转到个人名下；第二个保密协议，公司所有的财务数据不能对外公布，如果由于个人违反规定造成的损失，要承担法律及赔偿责任；第三个协议是竞业禁止协议，当财务离开公司时，保证不把公司的机密公布出去，也不能供职同行业的公司，这就把财务人员牢牢锁在公司了。

第三，如果老板想将钱放在自己的卡上，最好的解决办法是发工资、发奖金或发年终奖，发工资这里可以利用个人所得税的税前扣除事项以及奖金发放的税收优惠政策去做个人所得税的税务筹划。

第四节　民营企业财务管控的21个流程

1. 民营企业管钱的四个阶段

系统的核心内容是：流程+报表。管理的核心内容是：人+系统，也就是说：管理系统=人+流程+报表。所谓流程就是通过标准化的做事情的步骤约定员工的行为，告诉员工应当怎么做。而报表则是对员工的工作结果进行报告与审核，让员工知道做的结果。

企业要建立系统，就必须建立内部的标准流程，以及标准的报表体系。

当企业把流程和报表结合在一起时，就形成了管理。管理就是让员工按标准的流程去做事，然后取得结果。

一提到财务工作，很多民营企业老板立刻会想到对钱的管理。民营企业老板管钱一般要经过四个阶段：首先，老板管钱。老板开始做生意时，钱进钱出都是自己管。随着生意越做越大，老板的精力有限，有其他更重要的事情要做，于是进入第二个阶段，钱就交给老板娘管理。接着企业发展壮大，老板娘也管不过来了，老板就会找自己信任的人，或者外部的专业财务人员来管理。最后一个阶段是通过规章、制度、流程来管理，铁打的营盘流水的兵，谁来做都不会出现跑冒滴漏的事情发生。

建立财务部完善的流程，既是保护好企业的财产，避免不必要的损失，同时也是保护我们的财务人员，把“权利”装在笼子里。

2. 企业必备的21个财务管控流程

老板必须通过建立账系统对企业财务进行合理且有效的管控，最好的办法就是制定财务工作标准化的流程。一般而言，一家企业至少要具备以下21个财务管控流程：

（1）现金盘点流程

当下随着各种电子支付方式的出现，企业里的现金已经越来越少了，这里需要提醒一下，有些民营企业会存在老板的个人卡也参与企业收款、付款业务的情形，那么对于老板的个人卡也要视同现金管理，因为老板的个人卡不像企业账户有两个U盾，一个用来操作一个用来审批，老板个人卡一个人就可以把钱付出去了。我之前的一个咨询客户就碰到了状况，当我们审计完老板的个人卡往来账之后，发现银行账上的现金余额比财务账上的余额少了300

多万元，问财务也讲不清楚差异原因在哪里，老板也只能接受这个结果。

那么现金盘点由谁来做？一定不能是出纳，最好是会计。盘点结束，要出具现金盘点报告。如果财务部人手不足，可以不用每天盘点，但是每周至少要有一次不定期的盘点，不定期的意思就是随时可能有盘点。比如总账会计可以选择在周一或周五与出纳盘点一下公司的现金，时间完全随机，比对会计的账、出纳的账和银行的账。三个账的余额应该一致，如果不一致要把未达账项也就是差异的原因找出来。在企业做咨询项目梳理流程的时候，经常会问财务部有这个流程没有，回答有，然后我要看盘点报告时，财务回答盘点做了，但是没有出具报告，那怎么证明你做盘点这件事情了呢？系统=流程+报表，还记得么各位，所以必须出具报表看到做这件事情的结果，盘点报告还需要财务经理审批、签字确认。

现金管理还有另外一些细节需要注意。比如保险柜的钥匙和密码有的公司直接放在一个人手里管理。这不正规，标准操作流程应该是钥匙和密码放在两个人手里，一个是出纳，一个是会计，不能让一个人全拿。而且每个季度密码还要更换一次，这才是标准的财务流程。

（2）银行账户管理流程

银行账户管理包括开户、变更和关闭的管理，有些企业没有这个流程，导致发生严重的后果。

之前一个客户的企业有三个股东，后来因为意见不合，其中一个股东决定退出。但是，企业之前部分收付款业务用到了这个股东的个人卡。标准流程是这个股东离开，应当立即停用这个股东的所有印鉴、个人卡的使用，避免再用于公司收款、付款的业务，但因为公司根本没有银行账户管理流程，导致这个股东已经离开公司，但是这个股东的个人卡依然没有被停用。结果这个股东个人卡收到客户款后，私下直接把这张卡里的现金全部转到了其他个人账户。不管最终官司的结果如何，企业的财务由于缺少银行账户管理的流程，给公司造成了巨大的损失。

（3）借款备用金管理流程

借款备用金流程是一切腐败的温床，比如销售人员借了1万元的备用金用于出差，回来后并不着急报销，财务只有不停地催他，才可能报销。而且销售把钱借出去，基本上都会按照借出去的钱花，如果没花完有些人甚至还会买发票来报销。

典型案例

广州ELHX服饰有限公司大约拥有200家门店，每家门店都存放了5万元的备用金，用来交房租、水电和物业费，以及店长员工的差旅费，结果就是这1000万的资金被占用着。

我进到他们公司，第一件事情就是将所有门店的备用金全部收回，不允许有备用金流程。门店的房租和水电等固定费用通过签订的合同，所有的付款都需要通过财务部根据合同统一打款。如果员工出差，要求新进公司的每个员工办一张信用卡，所有出差的费用先刷信用卡，回来之后再走报销流程。报销的时候，不仅要拿消费的发票，还要有信用卡刷卡的小票。

流程经过这样的改造之后，员工报销都更加及时，因为要还信用卡的欠款，同时，更有意思的事情出现了，公司的费用也同比下降了15%，一个好的财务流程对企业就是能产生这么大的影响。

（4）银行存款对账流程。

银行存款对账要做到日清月结，即每天银行的账、会计的账和出纳的账要对得上，这个流程必须由财务人员负责，做到日日结清；同时，每个月根据银行存款对账单月底要进行对账。这里要注意一点，银行存款对账单不能由出纳去银行领取，一定是会计亲自去办，因为之前就出现过出纳伪造银行对账单挪用公司公款的案例。

（5）应收账款对账流程

这里涉及应收账款的管理。通常每家企业都有逾期的应收账款的管理流程。应收账款的第一负责人是老板，但是有些企业把应收账款催收的负责人定为财务，也就是说公司的销售把合同签回来，拿了佣金、提成，但是却让财务去催收，这个管理逻辑是不通的。应收账款的第二负责人一定是销售人员，他们签订了合同就有责任把钱收回来，这才是一个业务循环的完成。

为了管理好应收账款，财务要协助老板建立标准的应收账款催收流程。例如这样操作，每两周销售负责人要和老板汇报逾期的应收账款的催收情况。如果觉得两周太久，也可以每周开一次，销售负责人的汇报重点不是在为什么钱还没有收回来，而是如何才能把钱收回来。

因为每两周销售部负责人要和老板汇报，财务可以协助销售部负责人汇总逾期的应收账款，质询销售人员的催收计划，打算怎么做、什么时间点做完，把这些内容落实下来，整理汇总销售部的回款计划，制作成汇报的简报，然后由销售部负责人向老板汇报。老板认同后，就按计划执行，财务负责跟进执行的状况。

（6）其他应收款对账流程

其他应收款对账流程与企业的应收账款对账流程的操作方式类似，不同的是应收款的对象不同，同样需要形成回款计划和回款报表。

（7）预付账款流程

预付账款在企业经营过程中经常发生，但也是企业容易忽视的一个流程，一个管理上的疏忽可能会给企业带来巨大的损失。在企业采购过程中，有些供应商会要求预付款，也就是先交一部分订金，由此产生了预付账款。企业在管理预付账款时，必须对预付账款的挂账进行账龄分析，即预付账款在每个月结账的时候，预付账款金额多少、预付了多长时间，为什么还没有清掉。

为什么一定要做账龄分析呢？举个例子，供应商要求先支付30%的预付货款，会计支付这笔预付账款后，假设这笔账挂了3个月还没有清掉，如果不做账龄分析，这笔预付款就有可能一直在账上挂着。但是我们做账龄分析，是要找到还没有清账的原因，这里就可能隐藏了管理上的漏洞。都有什么原因导致预付账款长期挂账呢？

第一种情况，采购部下完采购订单后被通知客户取消了合同，这就意味着公司不用采购这批产品了，于是采购部通知了供应商取消订单。但有些公司采购部和财务部流程是断开的，正常流程应该是采购部取消采购订单后应该通知财务部，并负责把预付的货款要回来，如果采购部没有通知财务部，而且财务部又没有进行预付账款的账龄分析，很大的概率该要回来的钱就没有人去追回来。

第二种情况，供应商迟迟没有把货发出来。那我们就需要弄清楚为什么还没有发货，是不是我们公司当下根本不需要这批货物，那倒推回来就是我们的采购计划出了问题。

第三种情况，货物已经送到了，但供应商没有给公司开发票，这种情况风险还算小，我们可以视情况是否通知供应商开发票给我们。

第四种情况，企业的采购人员拿着发票和入库验收单来财务部请款，财务忘记了有预付账款的情况，很可能导致我们全款再付一遍给供应商，预付账款流程不标准很容易造成企业资金损失。

所以财务必须执行逾期预付账款的对账流程，每个月把预付账款都梳理一遍没有问题才算是账真正结完了。

（8）存货出入库管理流程

山东有一家防水材料公司，没有存货出入库流程，只要会开叉车就能从仓库拿走防水材料，可想而知存货管理的混乱。从仓库拿走材料，必须留下凭据，不然财务无法做账，无法进行仓库存货的清点与核算。必须形成标准的存货管理流程，按规章制度出库入库。

（9）存货盘点流程

存货的盘点一般要定期进行，有的企业是每个月进行一次盘点，包括原材料、半成品和成品。一般情况下，在盘点时只要把物料号打印出来就行了，并不列明系统中的库存数量，这种方式叫盲盘。盲盘完了之后，财务和盘点人核对数量。

通常民营企业的财务人员比较少，存货又多，根本盘不过来。可以采用ABC物料分类管理，往往80%的存货金额基本对应20%的存货数量。可以将高价的A类物料定义出来，每月盘点一次，不那么值钱的B类物料和C类物料，或者每个季度、或者每半年盘点一次。

（10）存货报废、减值核算流程

很多企业没有存货的报废流程，企业的货物没经过审批就被报废掉了，导致企业的报废金额非常大。有些东西可能只是存在一点小瑕疵，就成了报废品。举个例子，可能公司的客户要求比较高，这类产品无法交付，但是有些小作坊专门购买这类产品，通过报废便将这些东西从公司盗卖了出去。所以，公司一定要有报废的流程。

报废要分等级，不同的产品按不同的缺陷进行不同的处理，那些稍微有点瑕疵的产品某些客户不接受，但可能别的客户能够接受。

财务一定要监督对产品报废的过程。IBM公司当初生产笔记本电脑时，电脑芯片非常昂贵，每一次报废都需要专门的财务人员监督，先要砸毁，砸毁之后，还要将报废的芯片扔进锅炉焚烧。

除了报废外，存货还存在减值核算流程，主要是商品买回来入库后，存货却跌价了，那么损失要算进相应的部门。这意味着，每个高管在管理业务时，每一次采购都要非常谨慎，避免产生过剩库存。如果某个业务部门购买的产品降价了，那么损失就算在这个部门的业务成本里，抵消这个部门的利润。

如果存货涨价了，要不要计算这个业务部门的盈利呢？答案是不计算盈利。存货计价原则里有一条：成本与市价孰低法原则，即如果存货的成本低于市价时按成本计价，如果存货的市价低于存货成本则按市价计价。

比如，存货成本是100元，但是最新的采购价格变成了80元，那么便按照市价80元计价，这20元乘以存货的数量就是存货跌价的损失。如果最新的采购价格变成了120元，则依然按成本价100元计价，也就是没有盈利的。

（11）固定资产盘点流程

企业一定要有固定资产的盘点流程，搞不清楚有多少资产会有两个后果：1）资产安全得不到保障，毁损、挪用等。2）成本计算不准确，没有办法准确计算固定资产折旧成本。我的一个咨询客户，企业进行固定资产盘点时，发现10个部门配了12台照相机。每个部门都有购买的理由，结果每个部门都买了一个，反正这些钱都是企业出的。

（12）应付账款对账流程

应付账款对账，非常重要的流程。曾经一个客户公司的财务是这样对账的，直接打电话给供应商，询问欠供应商多少钱，然后主动报一个数字过去，问对方是否正确。应付账款对账要有询证函，由对方填完金额后盖上公司的财务章，传真或拍照片发过来，这才算完成应付账款对账。对应的还有应收账款对账流程，一定要形成标准。

（13）其他应付款对账流程

与应付账款对账流程一样，对于其他应付款对账一定要形成流程和标准，严格按对账标准来执行。

（14）重大交易事项税务筹划流程

企业有新的、重大业务发生时，一定要进行税务筹划。税务筹划是事前对业务进行筹划，事后筹划就是偷税。

（15）税费计算与申报流程

税费的计算与申报一定要仔细，要有审批流程。有一个客户因为税费没有计算准确，也没有相应的审批流程，在计算交多少税时，小数点往后延了一位，直接导致税款扩大了10倍。他们公司刚好还是直接扣款，结果就是直接从企业的银行账户里扣款了。可见税费计算与申报的流程有多重要。

（16）发票领用、开具、保管、盘点流程

企业里，如果会计虚开发票或者发票开给别人了，老板会知道吗？一定要有发票领用、开具、保管和盘点的流程。

（17）收入确认流程

企业应该建立收入确认的流程。一来方便老板和高管清楚企业的收入情况，二来使公司的财务更加透明，账务核算更加标准。

（18）费用报销流程

每家企业都有专门的费用报销流程，主要是规范企业的员工报销行为，合理控制费用支出，使之更加符合管理标准，因而大部分企业在费用报销上下足了工夫。这里介绍一些优秀企业在报销流程的改进：

① 报销人员网上申报，填写报销单

现在的费用报销更多采用网上申报。网上申报的效率非常高，因为不管销售人员在哪里，财务部门都能及时予以报销，只要在规定时间内把发票寄回，就可以进行报销，更有效地支持了销售员在外开展业务。企业的报销一般集中在飞机票、火车票、餐饮及住宿，如果在报销系统里设定好这些报销类型，同时与会计科目设定好一一对应的关系，报销系统流程走完后会自动记到会计账目中，财务人员就不需要做账，也不需要做凭证。所以，通过网上申报系统报销，可以节省财务人工成本同时提升工作效率。

② 报销人员打印报销单凭证交给部门秘书，并附上发票

报销人员将报销单打印出来，相当于会计的凭证，附上发票报销。

③ 财务主管在两个工作日内处理报销申请，超时不处理视同默认批准

报销申请必须在两个工作日内完成，如果完成不了，视同默认通过。因为有的公司在报销上拖的时间比较长，导致业务人员不能及时拿到报销款，对公司的业务产生影响。两个工作日完成审批，能提高工作效率。

④ 财务部收到凭证后，由出纳集中打款

这个过程就跟员工发工资一样，不需要一笔一笔拨款，直接把所有的报销单据集中在一起，批量打款，批量处理。

报销的流程优化，可以具体体现在单据流转的环节由专人统一收集、登记和传递。不用销售人员或业务人员每天跑财务部，公司可以安排部门秘书或是专门对接的员工每天或每周送给财务部。

在打款环节，可以用批量打款代替逐笔打款。在财务的处理上，利用报销系统自动生成会计凭证。

值得注意的是，费用报销有四个管控要点：

1）费用报销应当由主管直接领导对下属费用报销全权负责。员工的费用报销如果出了问题，财务人员不找报销人员，而是找对应的主管。下属在报销时，上级主管必须进行审核，起到监督作用。

2）必须限定员工的报销时限，比如三个月内必须报销，发票上都会有日期，如果三个月内没有报销，但没有超过六个月，需要总经理特批。如果六个月内还没报销，则不允许报销。有了规定，报销流程才能被管控。

3）如果员工不慎丢失发票，则只能报销50%的费用。因为没有发票，公司需要承担25%的企业所得税，另外的25%作为罚款。如果是用信用卡报销，则需要查证信用卡的收款客户与发票客户是否一致。

4）财务部要定期抽取10%的报销单据进行审查。财务人员需要对报销单据进行流程上的匹配。如果是电子发票，必须查看电子发票的录入时间。总体来说，审查时要注意以下八个问题：

第一，招待费、差旅费报销无报销标准；

第二，员工以虚假发票报销多拿公司的钱；

第三，企业有报销标准，但主管未认真审批；

第四，以差旅费用名义报销个人假期旅游消费；

第五，主管、下属一起吃饭、下属提申请、主管做审批、无人监管；

第六，费用超过预算、员工拆开报销；

第七，报销无发票，单据不全，不合规；

第八，费用报销制度及流程是否完善健全。

（19）财务月底结账流程

财务月底结账流程有一个重要的衡量标准，就是五个工作日内必须完成结账，并出具报表。如果所有的结账以及报表不能在五个工作日内完成，这说明财务的结账流程存在问题。

为什么五个工作日财务部要结完账出报表？财务的数据要及时准确，如果不能在五个工作日内结算完成，无法及时反映公司的整体运营。有些公司第十个工作日才出报表，老板对于这样的报表也就意兴阑珊了，因为数据太晚了。如果想在第五个工作日内完成结账，就要清楚第四个工作日做什么，然后倒推第三个工作日完成什么，第二个工作日完成什么，第一个工作日做什么，把具体的工作内容列出来，产生最有效率的工作成果。

（20）业务系统与财务系统的对账流程

有些企业业务系统与财务系统是一体化的，有些企业业务系统与财务系统是断开的。对于系统断开的这些企业，一定要有一个流程，叫做业务系统与财务系统的对账流程，非常重要。

典型案例

老板突然接到某个客户的电话，说如果再不给他发票，年底的货款就付不出去了。这个客户是国企，每年的预算控制非常严格，如果今年的预算没花出去，就意味着明年预算就更少了。老板把财务叫过来，让财务赶紧查一查公司的财务账，但财务回复账上显示该开的发票都已经开了。

> 在这种情况下，企业的财务账虽然显示没有问题，但是有可能是业务系统发货财务系统漏记这笔交易了。所以除了要查公司的财务账，还要核对业务系统里的账的发货数量。结果真有一笔200万元的发货，业务系统有，财务系统漏记了。这便是业务系统与财务系统脱节造成的，所以相应的对账流程是非常重要的。

（21）企业经营分析会流程

企业的经营分析会议与财务月底结账流程有着直接的关联，一般要确定企业经营分析会议的日期。通常是在每个月第五个工作日召开，回顾上个月的整体情况，明确下个月的主要任务，这也是为什么前面提到五个工作日必须结完账出报表。

以上21个财务流程非常重要，如果企业某一个财务流程没有做到，很可能多付钱或是少收钱，甚至有法律的风险，小则损失金钱，大则引发诉讼。所以企业必须建立这21个财务流程。老板们可以思考一下哪些流程没有建设到位。及时完善企业的财务流程，为企业的发展提供保障。

第五节　企业管理的核心：报表是第一说服力

1. 老板必须坚守的“三无”原则

报表是企业管理核心依据，通常分为会计报表和管理报表。

会计报表是会计使用的报表，使用者主要是外部部门，例如税务局，或是让外部投资人清楚企业的财务数据。

还有一类是管理报表，由老板和高管使用。管理报表没有固定的样式，不同的老板想看的内容不同，所需要的报表也不尽相同。有些财务人员会根据企业的具体情况设定一个框架，给老板提供专项的分析。这就是我们说的管理报表。管理报表是根据管理者管理企业的需求而来。

	会计报表	管理报表
报告对象	主要针对企业外部人员，比如股东、债权人、税务局、银行以及社会公众等。	董事长和企业核心高管
制度依据	必须遵守《企业会计准则》《企业税法》以及行业统一的会计制度	企业内部的报表管理条例
主要用途	提供企业经营数据	分析企业财务状况，为企业管理决策提供数据

不同的报表有不同的作用。我国民营企业最大的问题之一是财务人员以会计报表去应对老板管理企业的需求。即使老板看得懂财务报表，也不能够直观的从报表里的数据得到分析结果，无法直接根据报表数据调整企业方向，对企业的经营决策起不到指导作用。老板必须坚守报表管理的“三无”原则：

（1）无报表不管理

今天的企业一定是数字化管理的企业，老板和高管管理企业一定要看报表，如果没有报表就无法做到科学管理企业。

（2）无报表不决策

确立企业的经营方向，进行经营决策，都需要有报表来支撑，如果没有相应的报表和数据，决策都是盲人摸象。所以老板在决策时，一定要有财务报表作为依据。

（3）无报表不会议

企业召开会议时，一定要看报表、讲数字的。企业管理一定是数学管理企业而不是语文管理。

2. 实现“财务精细”的19张会计报表

会计报表能展现出企业的财务现状，厘清企业的资产情况。企业的账系统=流程+报表，标准化的财务流程，需要有会计报表与之对应。通常企业有19张会计报表：

① 现金盘点表。企业必须进行现金盘点，并形成现金盘点表。现金盘点表能看出企业货币资金的状况，它是一种会计思维。财务有没有盘点现金，有没有盘点到位，看一看现金盘点表就清楚了。

② 银行存款余额对账表。

③ 应收账款账龄分析表。

④ 未开票应收账款账龄分析表。什么是未开票应收账款账龄分析表呢？举个例子，对于建筑行业而言，未开票应收账款账龄分析表非常重要。应收账款实际包含两个部分：一是狭义的应收账款，就是财务人员登记的应收账款，与客户签订合同，发货后，客户签字确认，并且开了发票。二是广义的应收账款，即还没有签合同，或客户没有签字确认验收开发票，但业务已经执行，财务必须形成记录，给老板提供对应的会计报表。同样是应收账款，通过未开票应收账款账龄分析表，就可以帮助老板督促销售把合同签回来，督促项目负责人赶紧签回来验收报告、开发票。

⑤ 应收票据明细表。

⑥ 其他应收款明细表。

⑦ 预付账款账龄分析表。进行预付账款对账流程与预付账款账龄分析后，对应的就是预付账款明细表。

⑧ 存货账龄分析表。对于制造型企业和商贸型企业，仓库必然会有存货，在对存货进行账龄分析时，一定要形成存货账龄分析表，清楚知道存货在仓库里放了多久未使用了。

⑨ 待摊费用明细表。所谓待摊费用，指的是公司已经支出，但应由本期和以后各期分摊负担的费用，比如财产保险费、技术转让费、预付租入固定资产的租金等。财务必须有专门的待摊费用明细表，详细标明每项费用的情况。

⑩ 固定资产明细表。盘点公司的固定资产后，要形成固定资产明细表，清楚标明公司每一项固定资产。

⑪ 在建工程明细表。

⑫ 短期借款明细表。供应商、高管向企业借钱后要有短期借款明细表，标明借款人、借款金额以及对应的还款方式和还款时间。

⑬ 应付账款账龄分析表。对于企业的应付账款要进行账龄分析，分析之后形成相应的应付账款账龄分析表。

⑭ 应付工资、佣金明细表。企业员工的工资或佣金要有详细的说明，表明员工的数量、工资或佣金的发放情况等。

⑮ 应交税金明细表。公司必须有税金的计算流程，与此匹配的应交税金明细表。

⑯ 预提费用明细表。所谓预提费用，就是在受益期内分担计入产品成本或商品的流通费里等以后再进行支付的费用，比如银行借款的利息等。对于公司这部分费用，要有详细的表格来说明。

⑰ 其他应付款明细表。

⑱ 发票领用明细表。财务领用发票后，要形成记录，制定发票领用明细表进行管理，什么时候谁领的发票，用途是什么，一目了然。

⑲ 已发货未开票/已开票未发货明细表。对于已发货未开票的项目，一定要挂应收账款。对于已开票未发货的项目，一定要跟客户明确发货的事宜。

3. 实现“运营明晰”的24张管理报表

随着经营环境的变化，管理者每天要面对的信息非常多。在企业分工越来越细、员工越来越多的情形下，管理报表成了老板和企业高管的主要管理手段。企业通常有24张管理报表：

① 老板驾驶舱——企业总体KPI表（Key Performance Indicator，关键绩效指标）汇总表。对于企业总体KPI一定要进行汇总，将每个部门的业绩表现汇集在一起。

② 产品销售同比分析表。通过这张表可以清楚看到产品销售的同比变动情况，是增长还是下降了，以及增长了多少，下降了多少。

③ 企业销售趋势Z型图分析表。这相当于分析产品的销售情况，产品是处于上升期，还是下降期，将来的前景怎么样。为部门领导呈现产品销售的趋势，以此判断产品究竟有没有市场。

④ 销售目标达成情况分析表。每家企业都有销售目标和销售任务，通过这张表就能清楚看到企业销售的完成情况。

⑤ 销售商机分析表。对销售部门的管理者而言，销售商机分析表非常重要。销售管理者在预测市场时，最重要的依据就是商机分析和潜在客户分析。

⑥ 重点商品、客户ABC分析表。企业必须对商品和客户进行等级划分，分为ABC三个等级，客户分类管理有助于管理者清楚企业的重点商品和重点客户。

⑦ 销售爆品分析表。在销售管理中，资源一定是投在爆品上的，也是企业的重点商品和走量大的商品。企业的资金一定是砸在爆品上。

⑧ 销售分产品、分客户、分部门分析表。老板要看企业利润，看产品的情况、客户的情况和部门的情况，就需要财务提供分产品、分客户和分部门分析表。

⑨ 费用明细分析表。每家企业存在固定和变动的费用支出，财务必须给老板提供具体的费用明细分析表，包括费用的项目、金额以及同比和环比的分析。

⑩ 费用预算达成分析表。企业各个月的费用实际发生需要和预算进行比较，看费用有没有超标，这是管理的重中之重。

⑪ 重点费用ABC分析表。对企业的费用必须进行分类分析，对于重点费用和非重点费用采用不同的控制方式，有利于降低企业的整体运营成本。

⑫ 人工成本控制模型表。人工成本是企业成本的重要组成部分，也是相对较大的成本，通过人工成本控制模型表有利于人工成本的管控。

⑬ 企业成本降解计划表。企业目标降低多少成本，降本指标如何分解到每个部门，这都是财务应当考虑的事情。达成各个部门降低成本，目标是多少，实际是多少，必须形成企业成本降解计划表。

⑭ 产品生产周期分析表。如果是制造型企业，产品生产周期分析表有利于老板了解效率和降低成本情况。控制产品成本，必须制定标准的生产时间，比如这批产品需要多少时间生产出来 ，每个工序每个步骤是多长时间，必须有一个标准。如果想要精细化管理，必须有产品生产周期分析表，包含生产标准、生产周期和实际生产周期等。

⑮ 产品单位成本管控表。每个产品都有一个标准成本，但是实际成本又不相同，所以必须有产品单位成本管控表。

⑯ 费用同比环比变动分析表。费用同比和环比的分析有助于管理者了解企业费用的具体情况，知道在哪些地方可以进一步减少支出，以便于最大化

控制成本。

⑰ 存货周转率分析表。制造型企业、商贸公司这类存货管理重要的企业，财务需要从数据上分析企业不同产品存货的周转情况，即存货周转率指标，从而有利于企业存货管理。

⑱ 存货贡献率分析表。与存货周转率不同，存货的贡献率更能看出存货的价值，通常存货的贡献率等于存货的利润率乘以存货的周转率。

⑲ 交货期与缺货分析表。要清楚目标发货的日期与实际交货日期，同时还要了解订单完成的及时性，所以这张表直接决定了客户的满意度。

⑳ 存货入出分析表。产品入仓与产品出仓都要有登记，形成存货入出分析表。

㉑ 库存金额趋势Z型图分析表。通过分析，就会弄清楚存货是越来越多，还是越来越少，总体的金额趋势是怎样的，是上涨还是降低。

㉒ 人力成本与员工数量变动分析表。企业的人力成本，员工数量变动，这个月与上个月相比又怎么样，一定要有详细的分析，以便于企业对员工数量进行管理。

㉓ 人力资本效能分析表。每个员工所产生的价值是不同的，需要对员工的效能进行分析，企业新招人之后是否对业务的提升有帮助，是否让企业有所提升，需要有具体的分析报表。

㉔ 员工奖金提成分布表。不同职位的员工所领取的奖金和提成是不同的，尤其是销售人员的奖金分布是否合理，如果只有三分之一的人拿到了90%以上的奖金，说明团队肯定存在问题，士气一定不高。这时可以适当降低目标。所以老板和高管一定要关注员工奖金和提成分析表，如此才有利于团队的管理。

典型案例

华为公司的销售商机分析表

华为公司通过销售商机分析表完成结构化销售管理的转型，在转型的过程中，组织结构也跟着发生变化。

华为公司将事业部细分为专业事业部和客户事业部，并采用矩阵的方式进行维护，形成了独有的矩阵式客户维度和专业化产品（业务线）维度，如下图：

华为公司经典矩阵式组织架构

专业事业部，或称服务线，主要负责资源管理、产品策略、产品交付，对利润指标或者成本指标负责；客户事业部则按行业或区域划分，主要负责销售、渠道管理，对收入指标或者利润指标负责。

基于经典矩阵式组织架构，华为公司展开了专门的商机管理（销售进程管理），区域销售部门，即OI–商机发现人，主要进行日常客户关系维护、创建商机号和记录客户相关信息、搜索用户需求等；行业线销售或专业事业部门，即OO–商机负责人，主要负责编制技术建设书、与客户确认需求、意向报价和签订合同等；专业事业部门，即DO–交付负责人，主要负责合同交付（生产）管理、利润管理、成本控制和回款等。

在整个商机管理过程中，销售阶段依序分别为：发现商机>验证商机>方案设计>谈判沟通>签订合同>生产交付。销售阶段确定下来后，就要制定标准化的流程，即第一步做什么，第二步做什么，第三步做什么，每一步必须明确细致。

当商机处于销售阶段时，华为公司通过结构化销售管理会议来驱动整个销售进程，比如在业绩承诺会上，需要做签单承诺，就是销售人员每周要签多少单，完成多少金额的合同。签单的承诺来源于销售漏斗的商机，也就是潜在的机会。在销售会议上，主要集中在销售KPI完成总体的销售商机，按销售地盘深入分析，大客户大单的深入分析，以及签单承诺和骨干计划销售。经过详细的销售商机分析，华为公司各部门最终完成的情况如下图：

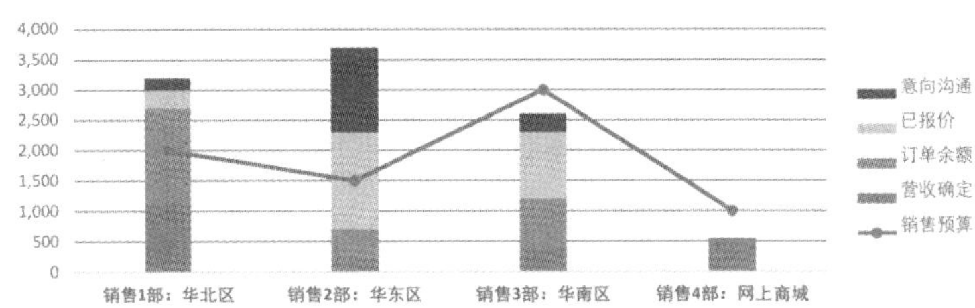

华为公司最终KPI完成情况

蓝色的折线是各个销售团队要实现的销售目标；每个部门的柱形图分了四个部分，分别的含义是：主刑图中橘色的部分是营收确定，即合同签了并且完成交付，确认了收入；灰色的部分叫订单余额，即合同签了，但是还没生产或是没有交付完成；黄色的部分叫已报价，即合同没签，只是给客户做了报价；蓝色的部分是意向沟通，即合同没签，也还没有给客户报价。

透过销售商机分析，华为公司管理者能清楚地判断各个部门销售进展情况，并依据数据分析，管理者采取相应的改进措施。

【落地工具1】企业财务流程明细表

序号	流程	是否需要建立（Y/N）	流程主要操作步骤	目标完成日期
1	现金盘点流程			
2	银行账户管理（开户、变更、关闭）流程			
3	借款备用金管理流程			
4	银行存款对账流程			
5	应收账款对账流程			
6	其他应收款对账流程			
7	预付账款流程			
8	存货出入库管理流程			
9	存货盘点流程			
10	存货报废、减值核算流程			
11	固定资产盘点流程			
12	应付账款对账流程			
13	其他应付款对账流程			
14	重大交易事项税务筹划流程			
15	税费计算、申报流程			
16	发票领用、开具、保管、盘点流程			
17	收入确认流程			
18	费用报销流程			
19	财务月底结账流程			
20	业务系统与财务系统对账流程			
21	公司经营分析管理会流程			

【落地工具2】企业会计报表明细表

序号	会计报表清单	是否需要建立（Y/N）	目标完成日期
1	现金盘点表		
2	银行存款对账表		
3	应收账款账龄分析表		
4	未开票应收账款账龄分析表		
5	应收票据明细表		
6	其他应收款明细表		
7	预付账款明细表		
8	存货账龄分析表		
9	待摊费用明细表		
10	固定资产明细表		
11	在建工程明细表		
12	短期借款明细表		
13	应付账款账龄分析表		
14	应付工资、佣金明细表		
15	应交税金明细表		
16	预提费用明细表		
17	其他应付款明细表		
18	发票领用明细表		
19	已发货未开票/已开票未发货明细表		

【落地工具3】企业管理报表明细表

序号	报表类别	管理报表清单	是否建立（Y/N）	目标实施日期
1	企业KPI汇总	老板驾驶舱－企业总体KPI汇总		
2	销售分析	产品销售同比分析		
3	销售分析	企业销售趋势Z型图分析		
4	销售分析	销售目标达成情况分析		
5	销售分析	销售商机分析表		
6	销售分析	重点商品/客户ABC分析表		
7	销售分析	销售爆品分析表		
8	销售分析	销售分产品/客户/部门利润表		
9	成本费用分析	费用明细分析表		
10	成本费用分析	费用预算达成分析		
11	成本费用分析	重点费用ABC分析表		
12	成本费用分析	人工成本控制模型		
13	成本费用分析	企业成本降解计划表		
14	成本费用分析	产品生产周期分析表		
15	成本费用分析	产品单位成本管控表		
16	成本费用分析	费用同比环比变动分析表		
17	存货分析	存货周转率分析		
18	存货分析	存货贡献率分析表		
19	存货分析	存货交期与缺货分析表		
20	存货分析	存货入出分析表		
21	存货分析	库存金额趋势Z形图分析表		
22	人力资本分析	人力成本与员工数变动分析表		
23	人力资本分析	人力资本效能分析		
24	人力资本分析	员工奖金、提成分布表		

【落地工具4】应收账款账龄分析表

序号	客户名称	未逾期应收账款	逾期应收账款合计	逾期应收账款						收款计划
				<30天	31–60天	61–90天	91–180天	181–360天	超过360天	
1										
2										
3										
4										
5										
6										
7										
8										
9										
10										
其它										
合计										

【落地工具5】销售预算目标达成情况分析

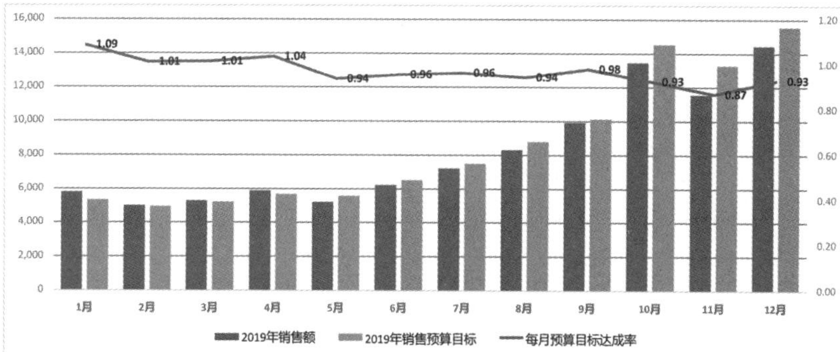

【落地工具6】面试财务人员的十个问题

序号	财务人员面试题目
1	送礼送卡的支出不能入账，如何处理？
2	员工不愿意缴纳社保，有啥解决方案？
3	公司盈利了但老板分红不想多缴个税，怎么办？
4	大额公转私，如何规避监管？
5	监管越来越严，公司如何两账合一？
6	绩效奖金、佣金、渠道费太高，如何筹划？
7	公司准备注销，账面有600万元存货，如何处置？
8	如何清楚核算公司每个产品或者项目的成本以及所创造的利润？
9	公司差旅费、业务招待费居高不下，如何控制？
10	公司想做内部创业，每个部门独立核算营收，如何操作？（以生产部与销售部之间交易举例）。

思考空间

一、财务协助老板梳理本企业历史遗留问题，并制订相应解决方案。

二、请根据落地工具6重新面试我们的财务人员，评估其岗位胜任能力并制订学习成长计划。

三、结合现阶段企业发展需要，确定企业需要建立的财务流程有哪些？

四、制作企业的21个财务流程图。

五、结合现阶段企业发展需要，确定公司需要的财务报表有哪些？

六、制造型企业财务报表。练习：填写呆滞库存账龄分析表。

七、商贸企业财务报表。练习：填写应收账款账龄分析表。

八、结合现阶段企业发展需要，确定公司需要的管理报表有哪些？

九、企业管理报表。练习：进行销售预算目标达成情况分析。

第四章

国家、企业与个人的和谐共生——税系统

左老师的点拨箴言

1. 个人所得税与个人账户是税务稽查重点和突破口，也是税源增长的重要源泉。
2. 合规纳税才是最有效的风险防范。
3. 将有问题的财务报表上报到税务局相当于自我举报。
4. 每一个财务都是老板的心腹，如果财务的能力不过关，就成了老板的心腹大患。
5. 偷税漏税是一种违法行为。通过税系统建设进行合规的税务筹划，才更可靠。

第一节 企业税系统建设规划方案

1. 强力税务稽查队伍建设保证应收尽快

税务制度是国家参与社会分配的重要形式，通过税收工具调节各种经济利益关系，让整体经济环境变得越来越好。近年来，我国的税收一直在稳定地增长，其根本原因在于国家对税收监管越来越重视，推行了一系列的政策。

2019年6月26日，中国人民银行公布了一个非常重大的信息，即中国人民银行、工业和信息化部、国家税务总局、国家市场监督管理总局建成运行企业信息联网核查系统。意味着银行的信息、工信部的信息、国税总局的信息以及国家市场监督管理总局的信息联网，查起来更加方便。不仅如此，早在2016年中国人民银行就发布了《金融机构大额交易和可疑交易报告的管理办法》，也就是说从2016年国家就开始关注银行流水，2020年中国人民银行发布《关于开展大额现金管理试点的通知》，对企业信息联网工作抓得越来越紧。也就是说，通过银行流水更容易发现企业各种税的问题。

2. 税务局重点稽查个人所得税和个人账户

（1）个人所得税

未来，税务稽查的一个重点是个人所得税。个人所得税会影响到个人的总收入水平，比如老板从企业拿到钱没有完税证明，如何说清楚老板的钱是从哪里来的？同时，员工举报老板最主要的事情也是个税。很多问题从公司内部曝光出来，个税是其中最主要的一问题。

典型案例

有一家公司的销售与设计联手盗窃公司的设计图，然后利用亲属重新注册一家公司，暗地生产原公司的产品，然后销售把产品卖给自己的客户，甚至是原公司的客户。老板知道后非常生气，打算起诉两人。但是销售毫不畏惧，因为老板在去年发年终奖时是从个人的银行卡里发出的，没有代缴个税，扬言“咱们就互相告、互相伤害吧！”

总有一些老板因为部分业务费用不需要发票，或用个人银行卡发放奖金，结果忽略了个税，导致企业成为稽查的对象。

（2）个人账户是企业税务稽查的突破口

老板的个人银行卡是重点稽查的方向，主要体现在：

第一，在2017年5月，中央全面深化改革领导小组第三十五次会议审议并通过了《个人收入和财产信息系统建设总体方案》，一人一税号，就像身份证号和社保号一样，一个人拥有唯一的税号。

第二，金税三期整合了银行、社保、国土、住建、公安、工商等部门配合查税。影响有几点：①老板分红进到银行，如果没有缴纳个人所得税，很可能会成为重点稽查对象。②公司给员工交社保，社保金额是最低工资标准还是一年平均工资，税务局一清二楚，因为财务已经把员工的工资上报给税务局了，所以工资，社保的基数不一致，很快就能查出问题。③金税三期整合多个部门信息后，对于数据的掌控是非常大的。厂房是重要的固定资产，还有老板名下的房产和土地，都有数据可查。你说老板有几套房子，买房子的钱是从哪来的啊？一问就出问题了。④公安机关有老板直系亲属的信息，车辆管理所有老板车子的信息，比如老板开几百万元的豪车，钱从哪里来的，有无缴纳个人所得税。⑤老板名下有几家公司，企业的工商性质如何，收益怎么样，一联网信息就都透明了。

第三，企业上传员工个人信息到税务局，如果公司少报了收入，就会出现销售人均产值不符行业正常水平，也可能被税务局稽查。有一家公司有100名员工，上报的销售收入只有3000万元，也就是人均产值30万元，然而行业大数据分析人均产值应该在500万元才能保证盈亏平衡，一下子就被查出来了。

第四，企业虚列工资用来抵用成本，需要补缴企业所得税，并处以数倍罚金。现在每个人都有个人所得税APP，可以清楚看到工资情况，列明在哪里拿了哪些工资，如果虚列了，就可以在APP里进行申诉。所谓申诉就是举报。

第五，为了加大查处力度，从2019年开始，员工社保统一由税务局代收代管。

第六，税务局重点稽查的内容是工资金额与社保金额不匹配，以及工资人数大于社保人数，需要补缴并缴滞纳金。

第七，企业大量零申报、发票抵工资也是税务局的重点稽查项目。

3. 税会差异：国家与企业之间的利益博弈

所谓税会差异，即对于同一笔经济业务，税务处理方式与会计处理方式存在着一定的差异。税会差异主要有以下三种形式：

（1）成本费用的差异

企业成本费用的差异是指在经济利益流出后，导致企业实际资产减少，或者增长了企业负债时，需要给予确认。所以会计在核算时，对于需要确认的情况，并不强调实际支付和具体的比例限制。但是企业所得税法上的扣除项目的比例是有限制的，比如员工的福利，必须在比例限制范围内，而且已经支出后才可以在税前扣除成本。

（2）企业资产的差异

对于企业的资产，会计准则上拥有完整的计量原则，但是税法对于资产的计税基础也规定了计量原则，通常企业资产的会计计量方式与税法计量方式是相同的，可是税务更为严格，也会出现资产的初始计税基础小于初始会计成本的情况。

对于固定资产的折旧处理，会计与税法也存在着一定的差异，会计有会计的折旧计算方法，比如直线法、加速折旧法等，对于折旧年限的限制并不明确，所以折旧的限制相对较少。但是在税法上，固定资产的折旧主要采用直线法，只有满足一定条件才能使用加速折旧法，而且明确规定了最低折旧年限。

（3）企业收入差异

企业收入在税务和会计上的定义不同，因而存在着差异。通常有三种形式，即会计上确定的收入，税务上却不确定；会计上不确定的收入，税务上却确定；税务和会计确定收入的时间差异。

有些企业在预收货款时就开了发票，在税务上就具备了纳税的义务，但是会计做收入报表时，必须等到货物的灭失风险转移给甲方才会确定为收入。

第二节　税务筹划系统：有备而来，才能满载而归

1. 企业税系统建设的主要内容

企业税系统的建设主要包含风险防范、稽查应对和税务筹划。

（1）风险防范

企业的管理模式、业务模式和财务人员水平决定了企业的税务风险的大小，不同的税务管理流程所带来的税务风险不同，企业要建立完善的税务合规体系，使企业的税务风险降到可以接受的程度。

（2）稽查应对

稽查应对主要是税务局查税时，企业财务的应对与管理，通常有上、中、下三个策略，其中上策是以沟通为主，良好的沟通流程能更好地应对税务稽查；中策是两害相权取其轻，就是当税务风险存在时，通过比较、衡量，选择损失最小的方式；下策是行政复议和行政诉讼，向行政机关提出复议是最后的手段，意味着企业的税务问题比较严重了。

（3）税务筹划

税务筹划是通过对企业的经营、投资等业务活动事先筹划与安排，以达到少缴纳或递延纳税的目的。以纳税人在法律允许或不违反税法的前提下，所取得的合法收益。

2. 企业税系统建设的重点

一家企业除了要交增值税和企业所得税外，在股权分配时还要缴纳个人所得税，这样企业还有盈利吗？很多企业因为承重艰难地发展着，还有更多的公司在大好的发展前景下，因为税务处理不当，导致破产。所以企业要建立专门的税系统，注意以下几个方面：

（1）企业要有政策分析

了解国家的税务制度，税务制度是国家经济管理最重要的内容。公民获得报酬后需要纳税，企业产生收益后需要纳税。国家职能的实现需要大量的资金来支持。税制最基本的职能是财政职能，受到法律保护，并由国家组建税务部门征收和管理。所以企业要跟着国家政策走。

（2）合理的纳税筹划

很多企业没有做纳税筹划，导致税负压力非常大。目前国内有18个税种，主要的大税种有增值税、企业所得税、个人所得税、印花税、房产税等，通过合理的筹划，可以使企业的税负控制在可以接受的范围。

（3）税务风险管理

税务风险管理主要是企业面临的多税种的偷、逃、骗、抗所带来的税款、罚金、滞纳金甚至刑事责任。同时，面对稽查时，系统应对方式的建立。在另一方面，也存在着不需要缴纳或者不需要现在缴纳的税款存在着多缴、早缴的风险。

（4）税务征收管理

税务征收管理包含但不限于纳税申报以及发票管理，主要内容是根据国家相关法律法规的规定，在税务遵从上满足上述所有相关法律法规中关于征收环节的要求与规定。

（5）重大税务事项的筹划

每家企业都会有许多重大的税务事项，比如投资、新设、合并、分立、重组、清算、土地、房屋关联公司等，重大事项由于业务复杂等实际情况，会涉及到多税种、大税额，就会牵涉到多税种，其中的复杂性与繁琐性不同于普通交易事项，必须通过专业的团队、专家进行事先的税务筹划。

第三节　税务风险管控系统：让企业的“盈利”更稳

1. 风险评估：不被税务局查是最有效的风险防范

在税系统的建设过程中，最重要的是企业税务风险的管控。从概念上讲，税务风险指的是企业没有遵守税法所造成的利益损失。但实际上税务风险是指企业未能正确利用国家税收政策或税务风险规避不当而造成的，所以企业要充分利用税法和税收政策合理规划企业税务，以免承受不必要的税收负担。

企业是否存在税务风险，可以从以下十个方面进行评估：

第一，企业是否存在老板从公司把钱挪走的情况？即老板抽逃资本。

第二，企业是否存在资金账实不符的现象，即银行账户余额和会计账余额不同。所谓会计账指的报给税务局的外账，很多企业都有这样的特点，就是代理记账公司记账的银行存款余额与企业的内账银行存款余额不同。

第三，企业是否存在存货账实不符的现象？有的企业收入为3000万元，存货的资产负债表上却有6000万元，还有的企业年收入1亿元，存货管控中心却只有18万元。出现这种现象意味着企业存在较大的税务风险。因为存货账实不符可能出现在原材料发票，因为当企业购买发票时，存货会越来越多，但是收入却跟不上。

第四，企业是否存在大量非经营性资金往来？其他应收款、其他应付款余额大。

第五，企业是否按开票时间计税并确认收入？比如建筑卖货，如果通过开票来确认收入的话，不能开票就意味着没有收入。

第六，购销业务中是否存在“票流”“物流”“资金流”不一致的情况？

第七，企业是否存在较大金额现金支付费用？这是税务局重点稽查的内容，而且很容易被查到。

第八，企业是否存在较大的应付账款挂账无法支付？企业客户的应付账款始终挂着，并没有及时支付。企业买发票就不需要给供应商付款，账款就会越来越多，一旦报到税务局，由于企业的应付账款一直在增长，所以会重点稽查。

第九，企业是否存在较大金额或较大比例的现金销售，导致个人卡流水巨大，老板的个人卡流水越大，被稽查的可能性就越大。

第十，企业是否存在费用无票、缺进项票情况？

2. 税务风险管理：充分了解企业的税务情况

充分评估了企业的税务风险之后，要进行风险管理，也就是说企业在税务风险管理上做得合不合规，需要从以下十个方面进行自查：

第一，是否认真测算过企业主要税种的税负率？

第二，企业在招聘会计时，是否测试过会计的节税能力？很多时候企业的税收过高是因为会计节税能力差，不知道如何进行税务筹划，所以在会计入职时，必须测试会计的节税能力。

第三，是否了解过所从事行业的相关税收优惠政策？行业的税收优惠政策是企业进行税务筹划的关键点，可以帮助企业合理有效的节税。

第四，企业有没有对采购人员进行发票知识的相关培训？公司的采购人员没有财务思维，就不会考虑公司的财务问题，税务风险就非常大。

第五，对外签订销售合同时，有没有考虑过对纳税的影响？公司任何一种运营活动都可能影响企业的纳税方式，尤其是销售合同，一定要将税收考虑在内。

第六，企业在租赁、融资、买房或投资时有没有考虑过进行税务筹划？

第七，企业发展新业务时，是否系统地咨询过税务专家？在企业的重大运营活动展开前，一定要事先进行税务筹划，最好咨询税务专家，有合理的税务筹划安排。

第八，新颁布的税收政策法规，需要在一个月内学习掌握。税收政策每年都会发生变化，会计必须快速掌握，一个月是最长期限。

第九，税务要求企业自评、约谈或稽查，企业是否了解真实意图？比如税务凭证可能是在半年前或是一年前做的，税务局询问这是什么费用？ 做什么用的？一定要回答上来，积极配合调查。

第十，企业有没有聘请税务专家进行财税风险诊断？企业的税务管理就相当于人的健康管理，每年需要做一次体检，企业可以每年请税务专家进行评估，看看企业的税务风险大不大，存在哪些问题，如何有效规避。

3. 两套账所带来的税务风险

企业做两套账存在很大的税务风险，具体评估方法如下：

第一，收入。收入的评估有两个维度，分别为开票收入和无票收入，企业年底开票的收入为多少，没有开票的收入有多少，要区分出来。

第二，成本。成本的评估首先是业务合理取得增值税专用发票，这是跟供应商正常买货，由供应商提供的正常的增值税专用发票。

第三，成本发生但是却没有发票。通常用收入减去成本就得到了企业应纳税所得额，所以成本和收入是非常重要的两个数据。

企业做两套账就存在两套数据。内账数据，即企业会计记录的真实数据，真实的经营结果。外账数据，就是报给税务局的经营数据。这两个数据的差异越大税务风险就越大。我们从分析两套账的差异开始，有了差异再分析原因，然后寻找解决方案。

4. 金税三期选案方法

随着金税三期的推行，税务局的稽查越来越严格。税务局稽查的方法是金税三期的选案方法，有以下三个方面：

（1）账务报表分析

首先是财务指标与同行业指标的分析，这是金税三期对财务报表分析的一种变革，其根本的原因在于不只是企业在报数据，还有整个行业都在上报数据。当企业所在的行业数据报进金税三期后，金税三期通过系统自

动汇总分析，比如该行业的平均利润率、人均产能、费用占收入的百分比、存货周转效率、应收账款周转率等财务数据逐一分析，如果处于平均值那就没什么问题，要是离平均值比较远，那就意味着企业上报的数据存在问题。

还有财务指标变动分析，分析企业的变动，比如企业的利润率之前一直是30%，突然在新报的数据中变成了10%，中间20%的降幅就是指标变动，自然就会联想到企业是不是出了什么问题呢

财务报表分析重点关注以下13个方面：

① 银行存款账实不符；

② 存货账实不符、金额长期居高不下；

③ 预收账款占销售收入20%以上；

④ 应收账款占销售收入30%以上；

⑤ 其他应收款金额较高；

⑥ 固定资产账实不符；

⑦ 应付账款占采购成本30%以上；

⑧ 其他应付款金额较高；

⑨ 销售毛利率波动超过10%以上；

⑩ 管理费用与主营业务收入比率波动超过10%以上；

⑪ 存货周转天数异常与行业平均水平；

⑫ 应收周转天数异常与行业平均水平；

⑬ 应付周转天数异常与行业平均水平。

（2）行业运营指标分析

行业的运营指标分析主要是分析能耗指标、人均产值、费用占收比等指标。

能耗指标就是企业运营过程的耗能，比如水表、电表和气表这三项数据税务局都能拿到，然后根据三表的消耗量来倒推企业的产值。也就是说，税务局拿到这些数据后与同行业的数据进行匹配，以此来分析企业是否存在问题。有些企业实际的收入非常多，但是上报的数据只有10%，那么三表消耗的数据肯定不一样，税务局一看数据就知道产值缩水了，而且知道缩水比例。

人均产值是根据企业员工的数量来看产值大概是多少。很多企业都有公司墙，展示员工活动、业绩、收款等。税务局稽查时首先会看一些企业团建时的照片，看一看公司有多少人，再去销售部了解企业的业绩，大概目标是多少，回款项是多少，如此一来就清楚企业的规模了，最后再查看上报的数据是否匹配。

费用占收比是企业的费用与收入的占比，是否与行业的占比相同。

（3）行业平均税负率

行业平均税负率有两个重要的指标，即本地区行业增值税平均税负率和本地区行业所得税平均税负率，通过企业上报的数据与行业计算出来的数据进行比较，以此来判断企业是否存在问题。

金税三期执行后，税务局不单单只看企业上报的数据，还会分析企业所在的行业数据。所以企业必须有业务能力比较强的财务人员。

第四节　企业税系统筹划，不再乱花冤枉钱

1. 君子爱财，取之有道

企业偷逃企业所得税的后果：

《中华人民共和国刑法》第二百零一条：逃税罪：纳税人采取欺骗、隐瞒手段进行虚假纳税申报或者不申报，逃避缴纳税款数额较大并且占应纳税额百分之十以上的，处三年以下有期徒刑或者拘役，并处罚金;数额巨大并且占应纳税额百分之三十以上的，处三年以上七年以下有期徒刑，并处罚金。扣缴义务人采取前款所列手段，不缴或者少缴已扣、已收税款，数额较大的，依照前款的规定处罚。对多次实施前两款行为，未经处理的，按照累

计数额计算。有第一款行为，经税务机关依法下达追缴通知后，补缴应纳税款，缴纳滞纳金，已受行政处罚的，不予追究刑事责任；但是，五年内因逃避缴纳税款受过刑事处罚或者被税务机关给予二次以上行政处罚的除外。

与此同时，我们不能忽略虚开增值税专用发票相关的严厉处罚，以及企业偷逃企业增值税的严重后果：

《刑法》第二百零五条：

虚开增值税专用发票或者虚开用于骗取出口退税、抵扣税款的其他发票的，处三年以下有期徒刑或者拘役，并处二万元以上二十万元以下罚金；虚开的税款数额较大或者有其他严重情节的，处三年以上十年以下有期徒刑，并处五万元以上五十万元以下罚金；

虚开的税款数额巨大或者有其他特别严重情节的，处十年以上有期徒刑或者无期徒刑，并处五万元以上五十万元以下罚金或者没收财产。

有前款行为骗取国家税款，数额特别巨大，情节特别严重，给国家利益造成特别重大损失的，处无期徒刑或者死刑，并处没收财产。

所谓虚开发票指的是为他人虚开、为自己虚开、让他人为自己虚开和介绍他人虚开的行为，同样触犯法律，是一种犯罪行为。

典型案例

广州有一家电商公司，主要采取淘宝加微商的模式。老板之前做电商，后来自己也做一个网络商城APP，只要在平台注册，每个用户都有一家属于自己的门店。老板把全球的一些商品资源拉到平台上，如果有人想在APP上开店，可以选择想要卖的产品，并将其放在商店陈列柜上，然后把货物分享到朋友圈。为此他设计了一个三级分解提成的方式，提现也非常快，通过对存货和商品的管理，短短几年时间就发展起来了，做到了2亿元的营收。

随着公司的壮大，税务风险越来越大，这个老板当时比较了三种思路：第一，继续偷税，在金税三期的大环境下，偷税只有死路一条；第二，正规化，如果正规经营，则要增加30%的成本，基本上没有利润了，所以说这家电商现在挣的是偷税漏税的钱；第三，将公司注销掉，保住挣的钱，再做其他打算。事实上这家公司想要注销并不容易，因为注销公司时税务局会分析企业的报表数据，风险也大。

老板决定选第二条思路，使公司正规化，愿意交税。这时又有三条路可走：第一，财务人员与老板一起学习税务筹划，懂得避税和节税；第二，请专业的财务团队做专项税务筹划，一步到位；第三条，建立企业财税系统，使企业全面升级。

所以该公司的税务筹划方案为：

一年的销售收入大概是两亿元，毛利率为20%，那么每年的毛利为4000万元，当时要缴纳16%的增值税，即640万元。如果是京东自营的模式，那么当时税率就为16%的，所以可以改变业务模式，走淘宝模式，只做交易平台，那么服务的增值税为6%。所以要把自己的电商平台打造成服务平台，厂商把货放在平台上卖，平台进行管理，收销售额10%的管理费，就是2000万元，交纳6%的增值税，也就是120万元，通过税务筹划，直接节省了520万元的税款。

2. 增值税常用节税思路

增值税作为价外税，是将商品流转过程中所产生的增值额作为计税依据，从而征收的一种流转税，最终由消费者承担。税率有13%、9%、6% 三档，以及5%和3%两档征收率。企业增值税的筹划要充分利用减免征收政策、以发票为切入点以及巧用企业身份。具体来说有以下三十五种节税方式：

① 公司拆分。一家公司变三家，三家公司变九家，将原公司的各部门独立成新公司，利用小规模纳税人身份享受税务优惠政策减少所交税额。

② 业务拆分适用低税率。梳理公司业务主体，将主体下的子业务拆分出来，从而不同业务适用不同税率。

③ 预收转定金。通过预收转定金改变资金性质可以延缓纳税义务发生时间。

④ 有票无票。公司采购时严格计算折扣金额与不能取得发票带来的损失进行对比。

⑤ 供应商选择。供应商选择小规模公司还是选择一般纳税人，所进行的税务筹划方式就不同。

⑥ 直销转中介。直销平台的增值税税率比交易平台的增值税税率要高，如果实力够强，可以做成卖货平台，如果实力不够，选择中介交易平台可以节省税款。

⑦ 天灾人祸。由于天灾人祸造成的存货损失，要依照相关政策进行合理解决。

⑧ 卖货打折。不同的折扣方式所要缴纳的增值税不同，可以通过折扣的方式减少增值税。

⑨ 包不包邮。税上能省下一百万元。

⑩ 改变公司的经营性质，从一般纳税人转为小规模个体经营企业。

⑪ 公事公办。办公楼用公司的，还是用个人的，所要承担的增值税也不相同。

⑫ 化整为零。建筑公司缺少劳务发票，可以采用化整为零的方式来应对，将整个团队化为单独的个体经营商户。

⑬ 劳务外包。将公司一些劳务外包出去，支付同样的薪资，交纳更少的税款。

⑭ 清包工与甲供材。建筑行业税务筹划的秒招。清包工指的是劳务外包企业，在建筑行业无论是新项目还是老项目，属于清包工的可以选择简易计税方法，征收率为3%。当工程承包方甲供材的比例提高到一定程度时，就变成了清包工的模式，可以选择简易计税方法。

⑮简易征收。必须弄清楚的税务政策。所谓简易征收就是简易征税办法，如某些特殊行业无法取得原材料或货物的增值税发票时，可按进销项来核算增值税。计算方式为销售额乘以征收率，计算销售额时，要进行转换，否则就会多交税。

⑯ 研发为王。公司投入更多的资本进行研发，在节省运营成本的前提下，提高核心竞争力同时增加相应的进项抵扣。

⑰ 业务招待。企业的业务招待费也是节税的重要方式，选择合规合适的花费策略合理带来应当抵扣的进项。

⑱ 采购独立。将公司的采购部门独立成单独的公司，通过价值链再造节税。

⑲ 租金押金。如果财务人员分不清公司运营场所是付的租金还是押金，就会多交税款。

⑳ 毛利转移。在某些业务上，由于政策的扶持，可以少交税款，所以可以考虑将利润保留在该业务上，享受低税率的优惠。

㉑ 存货贱卖。公司存货合理清仓处理，应当报废的及时采取相应报废措施。

㉒ 狡兔三窟。每个公司都需要税收洼地，以此享受更多的优惠政策。

㉓ 该大就大。当企业可取的进项税额占销项税额的比例达到一定临界值时，一般纳税人也会比小规模企业要少交税，合理利用起来能获得意想不到的效果。

㉔ 巧妙利用“四项服务”来节税，四项服务指的是邮政服务、电信服

务、现代服务和生活服务，这几个行业可以享受进项税加计抵减。

㉕ 离不开的农产品。国家对农产品行业的扶持力度比较大，可以享受的优惠政策一个都不能少。

㉖ 在建工程。工程没有完成，相关的进项税额可以抵扣。

㉗ 交通运输。交通运输凭证也能获得抵扣。

㉘ 10%加计扣除。现代服务和生活服务可以享受10%的额外进项抵扣。

㉙ 留抵退税政策。财政部等三部门2019年发布的《关于深化增值税改革有关政策的公告》中规定，增值税一般纳税人（以下简称纳税人）发生增值税应税销售行为或者进口货物，原适用16%税率的，税率调整为13%；原适用10%税率的，税率调整为9%。纳税人购进农产品，原适用10%扣除率的，扣除率调整为9%。

㉚ 养老行业不夕阳。养老机构可以享受免增值税的优惠。

㉛ 最可爱的人。对于创业的退役士兵，享有增值税优惠。

㉜ 扶贫慈善。做善事永远不会吃亏，扶贫慈善类的项目可享受增值税优惠。

㉝ 促销选择。对百货公司而言，打折、返现、返券、会员费等促销方式所需要缴纳的增值税不同，所以在策划促销活动时，也要考虑税收因素。

㉞ 吹牛缴税。吹牛也是要上税的，具体表现在电商行业，对于专业的刷单行为，由于每个环节都和真实交易一样，所以除了商家根本无法判断。尽管公司财务账上三流一致，却隐瞒了收入，需要补税。

㉟ 核定征收。业务规模很小，可以采用个体工商户作为业务主体。

3. 企业所得税常用节税思路

企业所得税是企业和其他取得收入的组织针对生产经营所征收的一种所得税，其计算方式为：应纳税所得额×税率。其中应纳税得所额等于年收入总额减去准予扣除的项目。所以在交纳企业所得税时，除了考虑选择低税率外，还可以在年收入总额固定的情况下，增加准予扣除项目的费用，降低应纳税所得额，从而达到节税的目的。通常有以下35种节税方式：

① 小微企业。所谓小微企业就是小型企业、微型企业从2015年起，我国针对小微企业不断推出力度程序增加的企业所得税优惠政策。

② 业务规划。公司的利润通常是由许多业务构成的，通过平衡公司不同业务的利润，从而享受小微优惠。

③ 科学预缴。通过纳税时间的延缓从而提高企业的资金使用效率。。

④ 加速折旧。企业的固定资产由于技术原因可以选择加速折旧，适于用更新换代较快和常年处于震动、高腐蚀状态的固定资产，可以有效缓解企业的资金压力。

⑤ 退役士兵。退役士兵创业可以享受相关福利优惠。

⑥ 弱势群体。弱势群体企业可以享受加计扣除百分之百的优惠政策。

⑦ 高新技术。紧跟国家大方向，对于重点扶持的高新技术企业，可以获得减税、免税的税收优惠，所征收的企业所得税由原来的25%降为15%。

⑧ 明修栈道。收购亏损的企业可以带来亏损，而亏损是可以用来弥补税前利润的

⑨ 暗度陈仓。除了收购亏损企业外，还可以采用投资后亏损的方式来降低企业的年收入总额。

⑩ 债务重组。金字塔尖上的税务筹划，在债务人发生财务困难时，债权人可以作出适当让步，通常有非货币资产清偿债务和债权转股权两种重组方式。

⑪ 业务分拆，化大为小。现在很多企业拥有多种业务模式，不同的产品针对不同的市场，将企业部分业务分解为独立核算的公司，可以有效降低企业税负。

⑫ 母子公司。居民企业股息、红利所得免征企业所得税。

⑬ 母子总分。成立公司前的筹划，由于母子公司、总分公司的企业所得税计算与缴纳逻辑存在差异，即在成立分子公司前要事先进行税务筹划，

⑭ 加计扣除。研发费用用处大，为鼓励企业投入研发，创新新技术。税法规定，企业在开发新技术、新产品、新工艺时所产生的研发费用享受一定的加成比例，在计算应纳所得额时，享受扣除的优惠，从而降低企业的应纳税所得额，达到节税的目的。

⑮ 业务招待。企业在生产经营活动中所产生的业务执行费，可以按额度的60%给予扣除，但是企业的业务招待额有明确的规定，不能超过年营业额的5%。

⑯ 公司购车，一箭三雕的节税举措。公司购车可以抵13%的增值税、25%的企业所得税和20%的个人所得税。

⑰ 食堂费用。因为国家对农产品的扶持，对于设有食堂的企业，可以成立单独的农产品采购部门，与农民合作或者成立农业合作社，享受税收优惠政策。

⑱ 多元投资。投资基金可以利用，分红不缴税，亏钱还能抵税。

⑲ 费用无票，采购中心全解决。公司很多费用产生以后，没有发票，这时可以将采购部门独立成单独核算的采购公司，由采购公司提供发票，解决费用无票的问题。

⑳ 利润过高。企业利润过高，可以利用固定资产、机器设备系统升级来增加对应成本费用。

㉑ 慈善捐赠。对于公益性慈善事业享有相应的税收优惠政策，合理使用，是利国、利民、利企、利他、利我的举措。

㉒ 薪金不可忽视。薪金的税务筹划被很多公司忽略，工资、奖金、股息、红利等经过合理的筹划，可以有效降低企业所得税。

㉓ 一个都不能少。很多地方为了支持企业发展，推出各种财政返还的优

惠政策，公司需要详细了解，合理利用起来，合规节税。

㉔ 业务筹划。转移定价合理降税通常发生在母子公司中。通常以关联交易的方式来改变财务报告和转移总公司资金和利润，当企业的税率不同时，采用“高进低出”或“低进高出”的方式进行内部定价转移。通过对固定资产租赁租金的控制，可以有效影响企业利润。通过压低商品的定价，达到流转税向利润转移的目的。通过利润转移，将无形的或有形的资产转让或使用，有效降低总公司的税负。

㉕ 出口业务。随着经济全球化，出口业务越来越多，可以享受更多的免税优惠政策。

㉖ 广告费用支出。不同的广告模式，企业所要承担的税负不同。根据规定，企业每年的广告费不超过营业收入的15%时，可以全额计入营业费用，享受足额抵扣的优惠。企业申报扣除的广告费用要满足三个条件，第一为工商部门批准的机构制作，第二已支付费用并获得发票，第三通过媒体传播。

㉗ 亏损不怕。企业当年亏损，可以用以后的年度利润进行税前弥补，但是时间不能超过五年，也就是可以用五年内的利润来弥补第一年的亏损，如果没有补完，那么就要用税后利润来弥补了。

㉘ 公司注销。公司注销一般有四种方式：第一，一般性合并，合并企业与股东要按清算进行所得税处理，也就是被合并企业的亏损不能获得税收弥补。第二，特殊性合并，当企业合并发生时取得的股权支付额大于交易支付总额的85%时，可以将被合并企业的资产和负债作为合并企业的计税基础。第三，直接注销，企业经过司法公证后，对资产、债权、债务清算后直接注销，母公司可获得相应的投资损失进行弥补。第四，先增资再注销，母公司通过正常程序注入资本后，使注销公司的净资产由负转正，然后关闭注销子公司，对于长期损失的投资可在税前扣除。

㉙ 现金为王。延迟纳税可以从税务局挣到钱，因为延迟缴税时间可以有

效降低企业应缴税总额，相等于获得了免息贷款。这样一来，企业在当期时间内拥有大量的资金来流动，从事生产经营，重新掌握创业商机。

㉚ 核定征收。简单粗暴的节税模式，通常使用在建筑行业。所谓核定征收，指税务部在企业生产经营的前提下，对生产制造的应纳税额产品进行核实并核定产量和销售总额，并依据征收率进行征缴税款。建筑行业通过税务筹划，在享受核定征收政策后，综合征收率为4.68%。

㉛ 费用转换。不同的费用所适用的税率不同，通过转换费用类别，就可以多抵税。

㉜ 量入为出。企业“三费”即业务招待费、会务费与差旅费，通过成立单独核算的销售公司，企业为销售公司提供产品，由销售公司进行销售，在利润不变的前提可以享受费用限额扣除的优惠。

㉝ 专利入股。利用专利入股，可以合理分摊企业费用。

㉞ 境外资金。资金回流，投资分红，还是直接投资，税收可不一样。企业可以根据需要选择合适的离岸注册地注册新公司，可以享受更低的税率。

㉟ 出口业务。将境外税收负担较低的地区纳入业务链条从而整体降低企业所得税税负。

典型案例

企业所得税节税第35招：出口业务转香港模式

山东潍坊有一家企业，主要经营业务为面板销售和生产，在细分市场，全球市场占有率第一名，一年的销售收入达到10亿元，其中有70%为出口业务，利润率为10%，每年要缴纳企业所得税2500万元。出口型企业有一个特点，就是增值税免抵退。

在税务筹划时，我们将出口业务转为香港模式，因为香港特别行政区的资本利得税是16.5%，如果满足额外7个条件，香港将免这个税。另外大陆公司分红到香港只用再缴纳5%的企业所得税，所以很多外商都是在香港注册公司，然后再投资内地。这就需要公司调整业务模式，由原来直接卖给美国的客户，改为先由内地卖到香港，再由香港卖到美国，当然转移定价要在税务局备案，在香港取得豁免权。通过这种方式，该公司每年可节税800万元。

4. 个人所得税及其他税种常用节税思路

（1）个人所得税

无论是公司还是个人都会涉及个人所得税。在公司的运营中个人所得税所占的税收负担非常重，2018年8月31日，个人所得税的免征额上调至每月5000元，也就是说个人收入超过5000元时，需要缴纳个人所得税。具体来说，个人所得税有以下几种节税策略：

① 个独核定。个人所得税直降的方案，因为个人独资企业是税率比较低的企业，很多企业和个人都会选择这种方式节税。如果员工的薪水比较高，那么纳税的额度也会很高，注册个人独资企业，个人所得税按照10% 来核定盈利。当然在注册个人独资企业时，也要寻找税收优惠政策，节税效果更好。

② 私车公用。将私家车租给公司使用，如果有发票则按“财产租赁所得”缴纳个人所得税，如果没有签订合同，那么按“工资、薪金”缴纳个人所得税。

③ 合同性质。劳动合同转个人劳务合同，尤其使用劳务外包后，企业成本会降低不少。

④ 离职补偿。员工离开公司可以享受税法优惠，员工离职的补偿在当地

平均年薪的三倍之内，可以享受免税优惠。

⑤ 工资奖金。合理分配工资与奖金的计算模型，尤其是收益高的员工，比如销售人员、设计人员等，从而尽可能的使用工资与奖金各自对应的较低税率。

⑥ 免税项目。目前，我国个人所得税一共有33个免税项目，巧妙利用免税项目进行筹划，能获得更大的优惠。

⑦ 提高福利和支付工资。增加工资收入虽然能满足员工的需求，但是工资与个人所得税的税率是累进税率，虽然工资增加了，但是可支配的金额却会变少，所以通过降低名义收入的方法，将部分现金转化为福利，可以享受更少的个税。

⑧ 股权转让。将公司股权转让给一些特殊身份的员工，可以少缴股权转让的个税。而且进行股权转让时，地域不同，所缴的个税税率也不相同。

⑨ 购买节税商品。现在有不少金融理财产品不需要缴纳个税，比如政府债券、商业保险、基金投资等，不仅能够节税，还能增加间接收入。

⑩ 提高三险一金的额度。对于高收入员工，可以与公司协调缴纳更高的社保额度，因为社保和公积金是在计算个人所得税前进行扣除的，而且社保交得越多退休后返还得更多，至于住房公积金则打入个人账户，必要时是可以提取出来的。

⑪ 越老越好。退休员工与返聘人员的精打细算，个人所得税法规定：达到法定退休的退休人员领取的退休金免征个人所得税。至于退休返聘员人所领取的薪水，按不同科目的应税所得缴纳个人所得税。

⑫ 大众创业。国家支持个人创业，对于个体工商户给予极大的税务优惠，个体工商户要缴纳的税款主要有增值税（3%）、城市维护建设税（城区7%，县区5%，其他1%）、人个所得税（去除成本后核算，税率为2%）。

⑬ 买一赠一。促销活动是企业重要的营销手段，采用买一赠一的组合方

式来销售产品时，不属于捐赠，在计算个人所得税时应按各项商品的价值比例进行分摊。

⑭ 股权激励。很多公司采用股权来激励员工，比如按账面价值和略有升值的增资方式来进行激励，不同的股权激励方式所需要缴纳的个人所得税不同，需要长远考虑。

⑮ “白条”支出。会计在做账时，真实的“白条”支出可以计入会计账，但是在企业所得税汇算清缴时需要进行相应调整。

⑯ 公私分明。剥离公司销售人员的差旅费和业务招待费，并实报实销，可以有效降低个人所得税。

⑰ 项目经理。项目经理在承包项目时，可能出现有的月份收入高，有的月份收入低的情况，在纳税期间出现较大的波动，如果正常缴税则需缴纳更多的个人所得税，也不能享受税法为个人承包提供的优惠。在这种情况下，可以通过推迟或提前获得收入改变支付方式，保证收入在纳税期限内处于相对均衡的状态，可以达到延缓纳税的目的。

（2）消费税

消费税直接影响着企业的经济发展，在现在有的消费税政策下，进行合理筹划，能科学有效地降低企业的消费税，从而保证企业的整体利润。具体有以下几种节税方法：

⑱ 混合销售行为各自结转。《消费税暂行条例》第三条要求：经营者混合销售不一样税率的应税消费品，理应各自结转不一样税率应税消费品的销售额、销售总数。未各自结转销售额、销售总数，或是将不一样税率的应税消费品构成成套设备日用品销售的，从高适用税率。由此可见，如果企业没有各自结转，将会缴纳更多的消费税。

⑲ 销售公司，降低税基。通过独立核算销售公司，以减少计税价格。在

税率不变的前提下，减少计税价格能有效降低纳税额，达到节税的目的。至于减少计税价格要在组织架构上着手，开设独立核算的销售公司，原企业将商品以低价卖给该销售公司，再由销售公司正常销售，可以降低税基。

⑳ 巧妙利用周围材料保证金扣除。企业的周围材料有几种解决方式：与应税消费品一起卖出；扣除房租，将价外费用累进在销售额里；扣除保证金，不划入销售额记税。企业将周转材料采用“保证金”方式除了能降低消费税，还能降低企业所得税。

㉑ 工厂生产，商铺组装。对于需要高税率的日用消费品，可以由工厂生产后，在商铺进行组装，改变商品包装，通过“先销售后包装”的策略来降低消费税。

（3）土地增值税

当土地所有权、地上建筑以及附着物发生转让时，将视同销售取得收入，需要缴纳土地增值税。通常土地增值税分为销售环节的预征收和竣工环节的清缴两种模式，税率为销售合同金额的2%–5%。土地增值税节税策略有以下几种：

㉒ 增加扣除项目金额。土地增值税在清算时的扣除额度有土地出让金、房地产开发成本、房地产开发费用、与房地产转让有关的税金，取得土地使用权所支付金额与房地产开发成本的总金额加计20%扣除，以及旧房与建筑物的评估价格与转让旧房与建筑物相关的税金，如教育旨附加等，都能享受扣除。当然扣除的项目需要提供有效合法的凭证。

㉓ 分开核算，缴税不同。合理安排项目的费用成本，根据分摊系数、占地面积、建筑面积等因素来摊，分开核算，将公用部分分摊到价值较高的产品中，可以有效节省土地增值税。

㉔ 控制价格，临界税率差额巨大。通常产品分得越细，高价值产品要缴

纳的土地增值税越多，从而加重了企业的税负。所以要合理控制价格，找到临界税率差。

㉕ 毛坯变精装，成本高又高。将毛坯房精装后，投入的成本变高，有效降低计算土地增值税的应缴税额。

㉖ 清算时间决定资金占用。土地增值税的清算时间分为主动清算时间要求和被动清算时间要求，主动清算时间要求是指符合清算条件起90天内对该项目时行清算，被动清算时间要求由税务机关决定是否进行清算。不同的清算时间决定企业资金的利用周期。

㉗ 利息扣除，方法不同。在房地产开发中，通常会向金融机构贷款，所以在缴纳土地增值税时贷款所产生的利息可以扣除。对于财务费用中的利息支出，要提供金融机构的证明，不得超过商业银行同期贷款利率所计算的金额。如果不能按转让房地产项目计算或不能提供金融机构证明的，可以按“取得土地使用权所支付金额”与“房地产开发成本”总和的10%以内进行扣除。

㉘ 收入分散，税基不同。土地增值税等于土地增值额乘以税率，土地增值额是转让房地产时取得的收入与规定扣除项目金额之差，所以在扣除项目金额不变的前提下，利用分散转让的方式，可以有效降低土地增值额，最常见的方法是将需要销售的部分分离出来，单独签订销售合同。

㉙ 代收费用，影响增值。代收费用在土地增值税法中有明确的规定，必须由县级以上人民政府所要求的房地产企业代收，才能计入到房价内。

㉚ 配套设施，增加扣除。对于房地产开发后所开展的各项配套设施所产生的费用，可以在土地增值额中扣除。

㉛ 合作建房，降低税负。所谓合作建房，指的是一方出土地，另一方出资金，由双方共同获得土地所有权，共同完成房地产的开发。在土地增值税的税务处理中，将考虑双方的合作模式，采用不同的计税方式。

㉜ 定向开发，开发变劳务。对于房地产公司而言，只要不转移房地产

权属，那么该公司取得的收入则被定性为劳务报酬，便不在土地增值税的征收范围内，利用这种开发完成后向客户收取代建收入的模式可以有效减轻税负，唯一的问题是必须在开发之前就确定购买用户，定向开发。

（4）其他税种：印花税、房产税和城镇土地使用税

㉝ 印花税。价税分离，计算不同。对于价税分离合同，是需要缴纳印花税的，通常有四种计算方式：第一，贴花法，即由企业自行计算应纳税额度，购买印花票据，附在缴税凭证上；第二，缴款书，即向当地税务机关申请缴款书，以代替贴花法；第三，按期汇总缴纳，即在规定时间内汇总后缴纳；第四，代扣代缴，即三方企业代扣代缴，但是不持有企业的收入。不同的计算方式所需要缴纳的税额不同，可以根据企业的实际情况选择。

㉞ 房产税。当房屋在维修时停用半年以上，可以享受免房产税的优惠。维修完成后则需缴纳房产税。

㉟ 城镇土地使用税。对于批准开山填海整治的土地和改造的废弃土地，可以享受免缴城镇土地使用税5年或10年的优惠。

【落地工具1】纳税评估自测表

序号	调查项目（风险类）	是否存在（Y/N）	目标改正日期
1	您公司是否存在老板从公司把钱挪走（抽逃资本）情况？		
2	您公司是否存在资金账实不符现象？银行卡余额与会计账余额是否相一致？		
3	您公司是否存在存货账实不符的现象？		
4	您公司是否存在大量非经营性资金往来？其他应收款、其他应付款余额是否比较大？		

（续表）

序号	调查项目（风险类）	是否存在（Y/N）	目标改正日期
5	您公司是否按开票时间计税并确认收入?		
6	购销业务中是否存在“票流”“物流”“资金流”不一致?		
7	您公司是否存在较大金额现金支付费用?		
8	您公司是否存在较大金额的应付账款长期挂账问题		
9	您公司是否存在较大金额或较大比例的现金销售，导致个人卡流水巨大?		
10	您公司是否存在费用无票、缺进项票情况?		

【落地工具2】税务风险管理表

序号	调查项目（管理类）	是否存在（Y/N）	目标改正日期
1	您是否对公司的主要税种的税负率认真测算过?		
2	公司招聘会计人员时，是否测试其节税能力?		
3	您所从事行业的相关税收优惠政策是否了解?		
4	您所在公司是否对采购人员发票知识进行过培训?		
5	对外签订销售合同时是否考虑对纳税的影响?		
6	租赁、融资、买房或投资是否考虑税务筹划?		
7	新业务发生时，是否系统地咨询过税务专家?		
8	新颁布的税收政策法规是否能在30日内学习掌握?		
9	税务局要求自评、约谈、稽查，您是否了解其意图?		
10	是否聘请过税务专家定期进行财税风险诊断?		

【落地工具3】公司内外账风险评估表

2019年度	内帐数据	外账数据	内外账差异	差异原因分析	解决方案
收入					
-开票收入					
-无票收入					
成本					
-业务合理取得增值税专用发票					
-非业务取得增值税专用发票					
-成本发生但无法取得发票					
费用					
-业务合理取得增值税专用发票					
-非业务取得增值税专用发票					
-费用发生但无法取得发票					
应纳税所得额					
企业所得税					
税后净利					

思考空间

一、梳理本公司税务具体事项风险，并制定解决方案。

二、梳理本公司税务管理风险，并提出解决方案。三、分析内外账差异，提出本公司两账合一方案。

四、参考节税招法，思考哪些方案可以应用到本公司进行税务筹划，并计算节税金额、比例。

第五章

让资金流动起来——钱系统

左老师的点拨箴言

1. 利润是面包，现金是空气。
2. 应收账款管理的第一负责人是老板，第二负责人是销售负责人，财务协助老板建立应收账款管理系统，通过系统来驱动销售团队催收逾期账款。
3. 让钱动起来的三把钥匙：存货周转天数、应收账款周转天数、应付账款周转天数。

第一节　资金计划与管理：盘活企业现金流

1. 现金为王，从资金缺口天数到钱系统管理

当下企业在资金管理上存在的最大问题是老板、高管和财务人员都知道公司账户上没多少钱，却找不到任何解决办法。由于财务知识的匮乏，企业使用资金没有合理规划，导致企业的现金流出现问题，最终影响企业的发展。

钱系统是企业资金管理最重要的一环，它包含从制订资金使用计划到提升资金的使用效率，再到整体资金计划的把控和事后资金管理的分析、评价以及考核，目的是提升资金周转效率。

企业运营资金等于流动资产减去流动负债。

企业营运资金有一个非常重要的天数叫做资金缺口天数，计算方法为：应收账款周转天数加存货周转天数，再减去应付账款周转天数（如图5-1所示）。

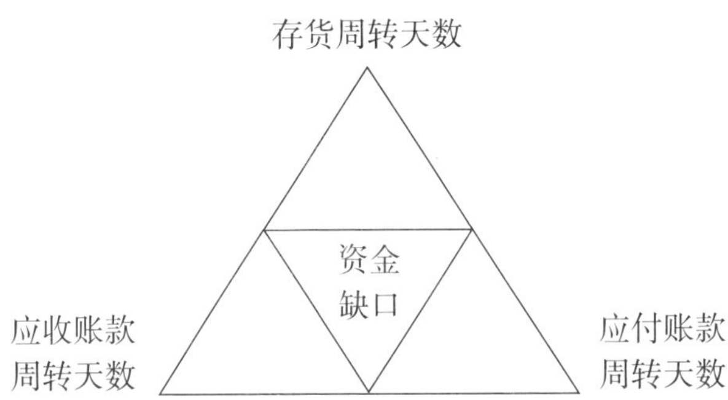

图5-1　影响企业资金转动的三个天数

钱系统建设的重点就是把应收账款周转天数、存货周转天数和应付账款周转天数管理起来，由对应的部门来负责。比如销售部，不仅要销售产品，还要负责应收账款周转天数的管理。采购部不仅要负责采购，还要负责应付账款周转天数的管理。生产部不仅要负责生产，还要负责存货周转天数的管理有些企业制定销售人员绩效考核指标时，会将回款当作重要的考核指标，销售不再是签完合同、卖完产品就可以拿提成，还要等钱收回来之后，才能拿到提成，这也是驱动销售人员关注回款的一种手段。

2. 让资金动起来，钱系统建设的三个要点

资金的流动效果决定着企业的发展，所以企业必须提升资金的使用效率，可以从以下三个方面着手：

（1）老板懂财务

老板是钱系统建设的第一责任人。很多老板知道现金流的重要性，“现金为王”也是挂在嘴边，但是实际操作起来完全走了样。只要客户愿意签合同，啥付款条件都能答应；货物一买一大批，堆满了库房。老板首先要把资金管理的绩效考核指标放在自己的管理雷达上，甚至要考核自己，如果资金管理老板不关心，下面的执行层面更不会在意。

（2）高管懂财务

企业考核高管时，要将资金周转天数的考核指标写进业绩合同，相当于下军令状，把三个天数的指标写清楚，资金的周转效率越差，资金考核的指标所占的权重就要越高。因为高管是具体做事的人，他们每天都在跟客户、跟供应商打交道，如果他们没有财务思维，不去管理这些指标，企业的现金

流肯定会出问题。只有划分清楚责、权、利，才能得到最理想的管理效果。但是很多民营企业的高管没有这种思维，老板不考核，他们也不在意，最后公司的资金使用效率越来越低，很多应收款收不回来。

（3）财务人员懂业务

财务人员不懂业务，缺少系统思维，就没办法管理好资金。通常财务人员要协助老板建立资金管理系统，从客户信用管理、报价管理、合同谈判中的商务条款管理、到合同变更管理、合同交付中付款条件管理、付款发生争议的管理，最后到把钱收回来，一整个钱系统的管理，这整个过程中要和销售、采购、项目交付的人打交道，财务人员要懂业务。财务人员要协助老板发挥系统的作用，通过系统化的建设，形成标准化管理流程。

3. 建立资金审批制度，确保资金安全

公司要有资金审批制度。所谓资金审批制度，就是公司的钱要经过哪些审批才能划分出去。企业通常需要根据经营情况划分费用，不同类别的费用，审批的权限也不相同。通常要有资金计划表，即所申请的资金是用来做什么的，要多少额度等，通过资金计划表来确定审批的权限和额度。

很多公司的费用审批分为几个大类：第一类是材料的货款，包含货款的审批；第二类是人员费用，主要是人员的工资；第三类是机器和设备的采购；第四类是业务招待费和差旅费。不同的费用分类，审批人、审批流程和审批金额的授权也应不同。

在材料采购的金额审批上，如果是小额的材料审批费用，如几百几千元，那就不需要老板亲自审批了，老板操作起来也不现实。只有当整个费用水平要达到一定的额度，才需要老板来审批。

那么审批的权限该如何设置呢？不管是材料采购还是其他费用，可以采用“二八原则”。所谓“二八原则”就是把费用和采购金额进行额度划分，看看主要的审批的金额花在哪里，每项额度所下订单的数量又是多少，抓住总金额的80%。比如某采购大户占了80%的采购金额，但是却只占20%的订单量，如果需要100万元的额度，那么这部分钱就必须由老板亲自审批。这样做的好处就是老板花了最小的精力，管理了公司最大的事情。

其他费用也是一样的，分析业务招待费用区间，通过“二八原则”明确审批的权限。当然这里面也可能存在一些问题，比如业务招待费用达到3000元时需要老板审批，有的业务员会将费用分两笔报销，分别为1500元，这样就能避开老板审批。采购部门也是一样，为了避开老板审批，会将采购费用分开报销。所以财务要协助老板建立完善的审批制度，事先确定好授权，在审批制度执行时，如果发现漏洞，应及时弥补，确保企业资金安全。

第二节　钱系统搭建：考核存货周转天数

1. 存货周转天数

存货周转天数是指从货物买进那一天开始算起，直到货物卖出去那一天为止，之间的天数就是存货周转天数。财务在做报表时，并不单纯只是计算货物买进到卖出的天数差，因为有些货物是反复出现的，所以会以会计年来计算存货周转天数，计算公式如下：

存货周转天数=360/存货周转率

其中360为一个会计年的天数，存货周转率为主营业务成本除以存货平均金额，而存货平均金额是存货年初金额与存货年末金额的平均值。

有的公司进行存货周转天数分析时，还会计算会计季度和会计月度的存货周转天数，只需将对应的360天改为季度的天数和月度的天数即可。

存货周转天数必须由单独的部门来负责，通过绩效考核实现管理。对于制造行业，生产部通常要制订生产计划，生产计划会影响整个存货管理，因为有多少订单就会有多少货物，这些都是生产计划制订的。所以存货周转天数的指标还要考核生产部领导，如果生产部有专门管理生产计划的人员，也要对这个指标负责。

对于商贸行业，存货周转天数这个指标就由采购部来负责，有些大集团公司设有供应链管理部，供应链管理部要有物料需求计划，那么整个存货采买计划是他们制定的，需要对存货周转天数的指标负责。

总之，企业哪个部门与存货产生直接或间接的关联，就必须对存货周转天数负责，通过指标来管理并考核绩效。

2. 存货周转天数报表

从存货周转天数可以看出企业的存货现状。通常存货周转天数越低，说明企业存货周转率越快，存货的流动性强，现金转换与回款就越快。由此可见，存货周转天数在一定程度上体现出了企业的业务水平以及企业的变现能力。

需要注意的是，存货周转天数既可以反映企业的变现水平，也会暴露出企业存货不足的问题。企业存货不足就无法满足流转的需求，所以存货周转天数应该与公司的实际经营水平相关，既不占用过多的资金，又不至于库存不足。

老板通过存货周转天数报表，能清楚地看到企业的运营状况，如果存货周转天数过高，说明企业的变现能力降低。在狠抓销售部、运营部的同时，适当控制生产。如果企业的存货周转天数过低，说明企业库存不足，在加大生产量的同时，要完善整条生产链。

财务通过库存分析制作存货周转天数报表，通过计算，公司A与公司B的年度存货周转天数报表对比如表5-1。

表5-1　公司A与公司B的年度存货周转天数报表　　单位：天

	2020年	2019年	2018年	2017年
公司A	67.21	91.33	63.45	51.29
公司B	114.47	98.36	115.01	82.66

从表中可看出，公司A存货周转天数在2017年时最低，2019年最高，2020年又有下降，这说明公司A发现存货周转天数变高后采取了相应的措施，并起到了一定的效果。而公司B四年来的存货周转天数时高时低，可见对存货的管理存在很大的漏洞，需要想办法提高存货周转率，不然流动资产就会出现问题。

第三节　钱系统搭建：控制应收账款周转天数

1. 应收账款周转天数

从财务的管理角度而言，对销售人员非常重要的一个考核指标就是应收账款周转天数。一般来讲，从回款速度就能看出销售人员的能力高低。那么，什么是应收账款周转天数呢？

所谓应收账款周转天数，就是从把货物卖出去那一天开始计算，直至把账款收回来的那一天为止。在财务体系中，应收账款周转天数就是企业从获得应收账款的权利到收回账款、转换成现金所需要的时间。应收账款周转天数越短，说明企业的资金流动性和使用效率越高，反之则越低。很多企业的应收账款周转天数是以会计年度来计算，主要计算公式如下：

应收账款周转天数=365/应收账款周转率

其中，应收账款周转率是企业的销售收入除以平均应收账款总额，即年初应收账款总额与年末应收账款总额的平均值。

应收账款周转天数是考核销售部门的重要指标，也是企业资金管理的重要考核指标。通过标准化的管理系统，可以实时看清楚企业的应收账款状况，实现对销售人员回款的管理。

企业财务考核销售部门时，除了应收账款周转天数外，还要通过逾期应收账款账龄表分析逾期应收账款情况。逾期应收账款账龄分析表就是包含所有的已经到期应该从客户收到钱，但是还没收到这一部分的应收账款的金额。通常需要让销售人员来列出，要求每个销售人员提供催收计划，必要时要召开应收账款催收会议。

需要强调的是应收账款催收的第一负责人一定是老板，第二负责人是销售部门主管，财务人员负责建立应收账款管理系统，通过标准化流程来约束销售部。

在建立应收账款管理系统时，财务部门主管需要先跟销售部门主管和老板谈一谈对于逾期应收账款的管理的想法，然后商议应收账款催收会议的时间，定期定时开会，在会议上销售部门主管需要向老板汇报整个应收逾期账款的催收计划，这个计划强调的是怎样把钱收回来，而不是为什么没有收回来，要有详细的策略和步骤。当然财务人员需要事先协助销售部门主管将催收计划落实到每一个销售人员身上。

流程确定下来后，就要以系统的形式固定下来，定期定时开会雷打不动召开催收会议，制定催收计划，跟进客户的最新状态等。这样一来，销售也好，老板也好，财务也好，会养成管理应收账款的习惯，久而久之就会形成企业文化。

2. 客户信用管理体系的建立，保障资金的稳定性

在应收账款的管理中，需要建立客户信用管理体系。客户信用管理体系是针对应收账款管理的一种策略，与销售合同管理是相辅相成的关系，因为应收账款的天数越长，回款的条件就越松，越容易与客户达成合作协议。所以对销售而言，应收账款的天数越大越好。但是，如果时间拖得很长，企业的资金回笼会存在很大的风险。要根据企业的实际情况确定合理的回款天数。

如果国家整体经济环境好，可以适当放宽回款条件，以此来刺激公司的销售。但是大环境不好时，企业必须采取相应的措施，销售人员跟客户签订合同时，最好先收预收款，比如预付生产费用的30%或者50%。假如采取赊销的政策，那就要有付款条件，尽量压低回款天数。

有些公司做回款分析时，发现有些客户的回款很差，对公司的贡献并不高。评价一个客户的好与坏，并不只是在于所签的订单有多大，还要透过客户贡献率的指标。通过客户贡献率来管理客户，建立客户信用体系。对于贡献率高的客户，说明客户的信用度高，可以适当放宽回款条件和回款期限，对于贡献率低的客户则要高度重视，说明客户的回款会比较慢，要尽可能压低回款天数，保证企业能收回钱。

第四节　钱系统搭建：严管应付账款周转天数

1. 应付账款周转天数

在搭建企业钱系统时，还需要考虑应付账款周转天数。应付账款周转天数是影响公司资金缺口天数的重要指标。

那么什么是应付账款周转天数呢？

所谓应付账款周转天数就是从货物进来的那一天算起，企业就形成的了债务，需要给供应商货款，当企业真正完全把钱付给供应商之后，所产生的天数就是应付账款周转天数。应付账款周转天数又叫平均付现期，能衡量企业需要多长时间才能付清供应商的欠款，从一定程度上反应出企业的偿债能力，其计算公式为：

应付账款周转天数=360/应付账款周转率

其中，应付账款周转率等于采购总额除以平均应付账款总额，平均应付账款总额是会计年初应付账款总额与会计年未应付账款总额的平均值。在钱系统的建设中，应付账款周转天数要落实到相应的责任部门。应收账款周转天数主要是销售部负责，那么应付账款周转天数则由采购部负责，是考核采购部的重要指标，采购部需要对公司应付账款负责，并不仅仅只是采购货物进来，还需要跟进最终的结款，清楚结款的原因，解决公司存在的逾期应付账款。

2. 企业应付账款过多所带来的风险

应付账款周转天数能看出公司管理债务的能力，应付账款周转天数越高说明企业的偿债能力不足，总是被供应商逼迫付清欠款，会影响企业的信贷。通常存在以下两个风险：

（1）财务上的风险

如果企业存在大量的应付账款，说明企业的流动负债比较多，这些负债可能在某个时间突然爆发出来，需要企业偿还，如果付款不及时，甚至引起供应商断供货。如果企业没有合理的资金规划，就会对企业的信誉造成巨大的伤害，甚至可能被起诉强制执行，让企业陷入财务危机。

（2）融资上的风险

企业的发展离不开融资，但是应付账款实质上是企业的一种负债，而且是短期负债。我们在看企业的资产负债表的时候，可以适当关注流动资产与流动负债的平衡，即企业的存货、应收账款与应付账款金额比较接近或者大于应付账款的余额，相对来说，企业的资金的流动性相对健康。

3. 企业应付账款管理措施

企业要加强应付账款的管理，形成标准化的管理流程，通常可以从以下几个方面着手：

（1）规范应付账款的核算流程

应付账款会计管理流程非常重要，企业应提高会计的业务水平，优化组织分工，合理设置应付账款的科目与核算流程。例如在一些管理比较先进的企业中，会把应付账款会计的工作分成两个人完成。第一个人负责校验发票，他的工作的主要内容是核对采购合同、入库验收单和发票三者之间数量、单价、金额是否一致，一致的话就会挂上这笔应付账款，但是他没有做付款凭证的权限；第二个人负责做会计上的付款凭证，但是他不能随便想付哪笔就支付哪笔，他只能付第一个人已经校验后的挂账的应付账款，同时这笔挂账的应付账款已经是到期的应付账款。

（2）建立供应商档案，进行分类管理

财务人员在管理供应商时，需要了解供应商的基础信息，包括供应商名称、所在城市、供应商品类型、开始合作日期、结算方式、供应商电话等，建立相应的档案，方便管理。同时要分析企业的采购数据，将供应商进行分类，可以通过采购额度、结算条件以及结算流程进行管理。

（3）规范采购合同

针对不同类别的供应商，应采取不同的采购合同，针对性达成合作协议，比如长期合作的供应商可以签订一年或者较长时间的合作协议。如果是合作不频繁的供应商，除了订货清单外，还要有与合作相关的条款。企业的采购合同越规范，应付账款的处理就越便捷。

（4）规范库存管理，加强原材料控制

企业有时候应付账款过多，主要在于原材料库存较多，导致企业资金积压。所以企业要规范库存管理制度，定期盘点和清点企业库存，加强对原材料的控制，避免造成浪费。

（5）内部管控体系的建立

应付账款的管理要形成统一的标准和制度，企业各部门严格执行标准和制度，将采购控制在合理的范畴内，使企业的资金产生最大的效益。

【落地工具1】企业内部制授权审批表

经济事项			采购部	销售部	行政部	人力资源部	会计	财务经理	财务总监	总经理	董事长
一、财务管理事项											
1. 投资、融资方案								发起	审核	审核	批准
2. 账户管理（开户、销户、开通网银、印鉴更换）								发起	批准		
3. 资金管理	公司内账户间资金划拨							发起	批准		
	提取现金							发起	批准		
	跨公司之间的资金调拨（适用新公司）	金额≤200万元						发起	批准		
		200万元<金额≤500万元						发起	审核	批准	
		金额>500万元						发起	审核	审核	批准
4. 无风险短期理财方案								发起	审核		
5. 利润分配方案									发起	审核	批准
6. 公司纳税方案								发起	审核	审核	批准
7. 税务核查、稽查意见回复资料								发起	审核	批准	
8. 资产处理	应收、应付款坏账处理							发起	审核	审核	批准
	资产报废及处置				发起			审核	审核	审核	批准
	废旧物资处理				发起			审核	审核	审核	批准
二、合同订单事项											
1. 合同中支付金额超过300万元的，必须经过董事会审核通过，形成会议纪要。											
2. 合作经营合同、对外投资合同									审核	审核	批准
3. 销售合同							审核		审核	批准	
4. 原材料采购合同											
5. 辅料采购合同											
6. 固定资产采购合同（设备、办公）					发起			审核	审核	审核	批准
7. 融资类合同								发起	审核	审核	批准
三、资金支付及费用报销											
（一）正常经营付款											
1. 金额超过100万元的支付事项，必须经过董事会审核，相关合同经过董事会书面审核通过的除外。											
2. 采购业务付款	有合同付款	金额≤30万元						审核	批准		
		30万元<金额≤50万元						审核	审核	批准	
		金额>50万元						审核	审核	审核	批准
	无合同付款（需有定价批准）	金额≤2万元						审核	批准		
		2万元<金额≤5万元						审核	审核	批准	
		金额>5万元						审核	审核	审核	批准

（续表）

经济事项		采购部	销售部	行政部	人力资源部	会计	财务经理	财务总监	总经理	董事长
3. 费用报销（依据费用报销制度）	集团副总经理及以下人员	发起	发起	发起	发起		审核	批准		
	集团总经理和财务副总			发起			审核	审核	审核	批准
4. 返利、辞退补偿、困难补助					发起		审核	审核	审核	批准
5. 工资奖励发放	工资				发起		审核	审核	批准	
	年终奖、年薪兑现				发起		审核	审核	审核	批准
6. 缴纳税金	纳税额≤20万元						发起	批准		
	20万元＜纳税额≤50万元						发起	审核	批准	
	纳税额＞50万元						发起	审核	审核	批准
7. 备用金借支	借款金额≤2万元	发起	发起	发起	发起		审核	批准	批准	
	2万元＜借款金额≤5万元	发起	发起	发起	发起		审核	审核		批准
	借款金额＞5万元	发起	发起	发起	发起		审核	审核	审核	
8. 交纳承兑类保证金	交款金额≤5万元						审核	批准		
	交款金额＞5万元						审核	审核	批准	
9. 支付融资涉及的抵押、担保等费用、利息							发起	审核	审核	批准
10. 归还银行贷款本金							发起	审核	审核	批准
（二）非正常经营付款										
1. 罚没性支出、赔偿、滞纳金	金额≤5万元	发起	发起	发起	发起		审核	审核	批准	
	金额＞5万元	发起	发起	发起	发起		审核	审核	审核	批准
2. 捐赠或赞助款				发起			审核	审核	审核	批准
3. 投资款/利润分配/股东借款/偿还股东借款本息							发起	审核	审核	批准

【落地工具2】企业现金流预测明细表

	1月	2月	3月	4月	5月	6月	7月	8月	9月	10月	10月	12月	汇总
经济收款预计													
项目1进度收入													
项目应收款催收													
项目收款													
服务1经常收入													
服务业务收款													
产品1交付收入													
产品发货收款													
应收款回收													
合同1履约进度													
合同1节点收款													

（续表）

	1月	2月	3月	4月	5月	6月	7月	8月	9月	10月	10月	12月	汇总
定期收入项目1													
固定交易1收款													
其他收入													

	1月	2月	3月	4月	5月	6月	7月	8月	9月	10月	10月	12月	汇总
日常必要开支													
工资类													
工资支出													
绩效支出													
社保支出													
税金支出													
房租及各种设施租赁费													
利息及各种分红开支													
水电气等能源消耗													
外包后勤服务支出													
经营开支（必要项目）													
研究开发项目													
外包经营服务支出													
经营业务采购支出													
前期应付账款支出													
购买支出													
其他正在进行的交易支出													

	1月	2月	3月	4月	5月	6月	7月	8月	9月	10月	10月	12月	汇总
投融资类													
收款类													
股东资本到账													
融资款到账													
支出类													
对外投资													
固定资产和基础设施投资													
规模扩张类支出													
分红支出													
还贷款、集资款													

【落地工具3】呆滞库存账龄分析表

品类	存货金额	存货账龄天数						改进方案
		<30天	31-60天	61-90天	91-180天	181-360天	超过360天	
原材料								
半成品								
产成品								
合计								

【落地工具4】应收账款账龄分析表

序号	客户名称	未逾期应收账款	逾期应收账款合计	逾期应收账款						收款计划
				<30天	31-60天	61-90天	91-180天	181-360天	超过360天	
1										
2										
3										
4										
5										
6										
7										
8										
9										
10										
其它										
合计										

思考空间

确定3个KPI考核指标的目标，即存货周转天数、应收账款周转天数、应付账款周转天数，并制定改进方案。

第六章

企业做大做强的全景地图——预算管控系统

左老师的点拨箴言

1. 预算是企业权威之源，管理的定海神针。
2. 预算是承诺，是管理团队把经营目标对老板的正式宣誓。
3. 预算是过程，从目标设定>过程控制>绩效考核>总结改进的系统管理工具。
4. 预算是结果，是工作计划的货币表达，也是考核的依据。

第一节　什么是预算管理系统?

1. 正确理解企业预算的含义

预算是一场模拟的演练，是对未来的企业经营全过程的预演习。预，代表经营计划；算，代表货币表达。所以预算就是把公司来年的经营计划通过货币的方式表达了出来。预是因，而算是果，没有经营计划的预算是没有灵魂的，也就失去了做预算的意义。所以，预算本身什么都不是，而制定预算的过程是全部。具体来说，预算是系统、是承诺、是过程、是结果。

（1）预算是管理系统

企业要想管理好，起点或基础就是要有目标管理，企业需要预算的系统工具去对未来进行规划、设定目标，然后落地执行，监控整个执行的结果，最后总结得失，做新的业务计划，如此周而复始。所以预算连接了公司战略的天与执行的地，是老板的经营想法落地的保障。

先进的企业比较重视管理系统的建设，因为他们认为业绩是可以依靠系统管理、标准化的流程进行复制的，不管职业经理人是谁，只要应用这套系统，照葫芦画瓢、按部就班地执行，就可以为企业持续赚钱。但是传统的思维却有句老话叫富不过三代，因为企业没有一套管理系统，大部分工作都是老板亲力亲为，老板退休了、倒下了，这个企业就会陷入群龙无首的境地，老板当初辛辛苦苦几十年打造出的万丈高楼，很容易就在短短几年间因为

"保养"不善而轰然倒塌。究其原因，企业缺乏一套自运营的机制，而预算管理系统就是解决这个难题的方案，是企业自运营的"永动机"，没有它，再敬业的经理人也不能保证企业的永续经营。

（2）预算是承诺

预算的价值远大于其他任何管理工具。高管团队通过整个预算管理过程铸造公司诚信、对业绩负责的企业文化。实际上公司是通过预算管理打造一套文化体系，公司每个人都要对业绩负责。这也可以理解为马云所说的虚事实做，文化这个看起来"虚"的东西是需要预算去做的。在制定预算目标时，总经理经常会跟老板讨价还价虽然讨价还价我们都不喜欢，但是起码能表现出业务团队已经开始在乎预算目标，有想去实现它的欲望，所以讨价还价是一个必须的过程，是老板与团队达成共识取得团队承诺的过程。

（3）预算是过程

管理企业好的结果来自于好的过程，预算管理的过程就是通过设定企业经营目标、制订业务计划、监控执行过程、事后分析原因的系统管理工具。很多老板或高管在制定预算时，会忽略掉最重要的做业务计划这个过程。老板与团队达不成共识，于是把财务总监拉过来，两个人在小会议室把明年的数字一拍，如果预算是这么出来的，公司也就没有制定预算的必要了。

（4）预算是结果

任何事情都是以结果进行衡量的。公司的预算更是如此，预算是工作计划的货币表达，用来衡量投入与产出之间的效益，是企业考核的重要依据。那预算指标是一旦确定下来就不能改变了么？毕竟计划赶不上变化，来年很多事情都变了，还按照预算走合适么？这里给大家一个小建议，企业不仅要重视绝对值指标，更要重视相对值效率指标。举例来说，明年预算定了收入预算100万，费用预算10万，很多公司直接把预算的这10万元理解为必须花出去的费用，成了花钱的依据。管理企业不能只盯着绝对值，相对值效率指标才能体现出预算的刚性和弹性。什么是弹性？收入100万，费用10万，这些数字是弹性的；什么是刚性？费用比收入10%是刚性的，费用应该随着收入的变化而变化，更加体现资源分配的原则即投入产出比。

例如，某家企业高管做业绩承诺的时候，承诺销售收入3500万元，假设第三季度的预算是4000万元，按刚才讲到的费用比收入的10%指标，4000万元的预算应该有400万元的费用预算，但是高管现在做了最新的业绩承诺，那即使费用预算是400万，我们也不能批准按这个费用预算花钱，而是降到350万元，这就是预算刚性。

预算的目标定下来后，等到来年再执行的时候，要做滚动计划。滚动计划开始于执行报告系统里的一报两会，也就是说要求高管每个季度按照最新的情况从新做业绩承诺，做业务计划。预算的刚性在这里体现为相对值效率指标，利用这个指标重新衡量它的收入成本费用。

2. 企业没有导入预算管理系统的后果

企业管理的方式应该指哪打哪而不是打哪指哪，所以不管企业大小，都需要做预算。不做预算会有什么后果呢？

（1）战略与执行脱节，团队没有执行力

老板最头痛的问题，员工无法落实老板的想法和目标。究其原因是老板缺乏预算管控的思维。公司在开展业务时，没有设立目标、缺乏工作计划，团队走一步看一步，做到哪算哪，执行力自然大打折扣。

（2）企业、部门、员工三者间缺乏有联系的经营目标与考核指标

预算是绩效考核的根本。公司目标、部门目标和个人的绩效考核指标三者之间是相互关联的。应该先有公司目标，然后分解到部门，再由部门分解到个人，不然就可能出现个人业绩指标达成，公司总体指标却没有实现的可能。

（3）企业缺乏一套从计划到执行的系统管理工具

企业成功关键的一个要素就是执行力，如果没有执行力，再好的战略都是空谈。既然执行力如此重要，那么企业必须通过合理的制度来规范、监控企业目标的完成情况。然而大多数企业缺少这样的工具，往往就是老板给目标，做不到就等到来年秋后算账的管理模式，无法做到有的放矢，最终是战略很好，因为执行不到位没有达到预期目标。

（4）员工缺乏契约精神，高管、员工对收入、成本、费用不负责，公司赚钱难

企业可持续发展的前提条件是盈利。没有预算，企业经营就缺乏权威，缺乏员工对收入、成本、费用、利润负责的约束力，后果就是公司只有老板对利润负责，高管和员工只关心公司的收入、而忽视成本和费用，最终也会导致公司的利润越来越低，赚钱越来越难。

3. 中小民营企业预算管理系统的原则

在深入企业做财务咨询项目的过程中，很多老板都跟我聊到“预算是个好东西，可做起来太麻烦了，计划赶不上变化，第一年团队还比较认真对待预算编制工作，到了后面几年就是应付了事，预算慢慢变成了鸡肋工程”。

针对我们民营企业管理水平偏低、团队缺乏系统的财务思维的大环境，我们在构建预算管理系统时，要遵循以下五个原则：

（1）精简

中小企业做预算管理系统时，不建议用大企业的大而全的方法。最重要的原则就是精简，如果太复杂，必然会降低业务团队的配合度与可操作性，结果就是不了了之。

中小企业第一年做预算时，老板或财务人员的经验或能力并不强，所以预算不能太复杂，可以做一个简单的收入预算，其他的预算项目可以先搁置。有了收入预算后，在接下来的预算循环中再加入费用预算、投资预算和人员预算等。

（2）共识

不少企业的预算指标是老板和财务人员商量制定，比如明年的收入是多少，成本大概是多少，要达到的利润指标是多少。可是老板与财务人员商量的预算没有实质意义。预算必须是老板与业务团队达成的共识，需得到负责执行落实的部门或负责人的认可。否则，所谓的预算只不过是一种数字游戏。

在管理学中，有一个重要的观点：员工只做自己认可的事情。很多老板经常骂下属，觉得他应该这样做。可是骂来骂去，结果并不理想。员工还是按自己的想法来。所以一定要与员工达成共识，让员工执行自己认可的业务计划。

（3）承诺

预算是高管团队把经营指标对董事会、老板正式的承诺，因而预算具有权威性，必须经过董事会、老板的审批。一般预算确定下来后，是不会轻易发生改变的。相当于是公司的法律文书，只会在一定程度上做季度滚动计划时调整业绩承诺，制定新的计划。

（4）重计划轻编制

中小企业预算编制的重点也是最有价值的内容——管理者明年打算做哪些事情从而实现公司的业绩目标。而实务当中，中小企业往往陷入数字怪圈中，为了数字而数字。事实上，当计划做得越来越好时，数字也会水到渠成。所以不妨静下来想一想，明年到底要做什么、怎样去发展，如何拓展市场，如何管理好客户。这才是企业发展的关键。

第二节　预算管控系统的五大作用

1. 设定经营目标

公司有预算带给企业最大的改变就是经营有目标。设定经营目标是企业管理的起点，没有目标的企业是做不好管理的，就好比开车一样，出发之前一定要有明确的目的地，管理企业也是一样，一定要带着目标上路。通过预算管理系统可以帮助企业从战略目标的制定到财务指标的设立，再到运营指标的逐级分解落地，最后让管理具体化，有可衡量的成功标准，管理才有效果。

2. 控制成本费用

企业做了预算之后，才能有效控制成本。成本是设计出来的。每个人都知道部门的费用预算是多少，这就是执行的标准。只有员工对花出去的钱负责，成本才能得到有效控制。不仅如此，各个部门在做费用预算时，一个命题作文就是：在前一年的基础上都要思考下一年的成本降低方案是什么，成本降解目标是多少，每个人头上都要有一个“紧箍咒”。

3. 开展资源分配

企业可以通过预算对资源优化配置，充分计算业务的投入与产出比，以此进行资源倾斜，最大化保证收支平衡，让每个人都能为公司创造价值，为最终的利润负责到底。

4. 协调部门沟通

在企业发展过程中，往往脱不开定战略、搭班子、带队伍这三方面，打破部门墙，团队协同作战，通过预算，制定出清楚的执行计划和各个部门的工作内容、职责、目标。这样一来，更能整合公司的资源。只有明确公司目标和部门目标，才能增强各部门之间的协作统一。

5. 评价管理效益

通过预算目标与实际经营结果的比较，评价团队的绩效，同时管理者也可以总结得失，持续改善业绩。管理要做到“三无”与“三有”。

（1）企业管理“三无”原则

① 无目标不做。如果公司没有制定目标，那么就不需要去执行。没有目标的团队如同无头苍蝇。所谓管理就是从目标到团队、团队到个人，实践执

行的追踪。

② 无考核不做。企业往往是考核员工什么，就会得到什么。考核对企业的业绩有牵引作用。

③ 无激励不做。光有考核还不行，还需要有针对性的奖励。绩效奖励就是对员工的一种激励，给员工执行的动力。

（2）企业管理的“三有”原则

①有仪式感。通过预算管理系统将公司与员工紧紧连接起来，员工对公司的业绩负责，公司给予员工相应的绩效奖励，形成良好的企业文化。

② 有赏罚制度。对于那些为了实现公司战略目标作出努力和贡献的员工，要及时给予奖励；对于那些偏离公司战略目标出工不出力，甚至损害公司利益的员工，要及时批评教育，并给予相应的惩罚。

③ 有结果导向。计划能不能落到位，不仅在于结果，还在于过程。管理是既要看过程，还要看结果。

第三节　民企预算管理的四项内容

1. 销售预算

企业大多是以销定产，所以销售预算也就成了整个预算制定过程的关键一环。销售预算的编制大体有9种方法：

① 市场占有率法：适用于大规模的公司。通过市场占有率、市场容量、

市场增长来确定销售预算。首先，通过目前的市场占有率得出明年的销售预算底线；接着根据公司发展战略，确定明年要达到的市场占有率；最后，根据预测的第二年的市场占有率，得出明年的目标销售预算。

② 瀑布流法：这是IBM常用的确定服务型企业、项目制公司收入预算的方法。业务发展有它自身的惯性和趋势，在不增加额外投入的情况下，公司每个年度，由从前签订的老订单和当年签订的新订单带来的收入比例往往是有规律的，可以据此规律来预测明年的销售收入及新签订单量。如果公司的销售目标高于该数字，则意味着靠目前资源配置和发展速度，无法完成任务，必须追加投资（营销费用、人工成本、设备……）。

③ 销售漏斗法：主要适用于toB的企业预算目标的制定。通过商机进程管理，依据商机所进展到的阶段、成单概率，做出销售的预测。例如，商机阶段依据成交流程的价值链可以分为：识别商机、确认商机、制定方案、达成意向、签单。

④ 销售趋势法：适用于企业有完整的历史数据，根据销售增长的历史数据判断未来企业收入的变化趋势。

⑤ KPI指标法：适用于零售、门店等行业。利用效率指标，例如：人均收入、人均签单量、坪效、租售比、人均产量、人均利润等指标制定销售目标。

⑥ 客户咨询法：针对大客户销售预测的方法。客户咨询法适用于客户较为固定，有长期合作关系的公司，由销售人员咨询其明年的订单量，在此基础上预测。

⑦ 客户增量法：按照企业所面向的客户群体而设定增量目标的方法。按照拓客流程可以分为：拉新 → 激活 → 活跃 → 成交 → 留存。收入增量的来源：一是老客户复购，二是新客户转化。

⑧ 达成率法：把年度目标分解到季度、月份、星期、日。具体操作原理与方法：销售收入往往有时间规律可循、淡旺季之分，根据历史数据各个时间段

占全年收入的比率，以此把年度目标分解到季度、月份、星期、甚至每一天。

⑨ 专家调查法：把拍脑袋变成科学。由美国蓝德公司在20世纪40年代倡导使用。一般适用于新产品等没有销售记录的产品预测，具体作法是企业聘请若干个经济、销售专家分别征求意见，各专家在互不通气的情况下根据自己的观点和方法进行分析和预测，然后企业将各位专家的意见汇集，采用不记名方式反馈给各位专家，请他们参考别人意见修正本人原来的判断，如此反复数次，最后得出集各位专家之所长的预测值。

2. 费用预算

对于费用预算的编制重点不在于让业务团队针对每一个费用类别提供详细的费用发生内容。举例，业务招待费，有些企业老板会要求业务团队把业务招待计划按月、发生的金额放在预算表里，其实这种做法大可不必，因为业务团队自己也没有办法知道明年要安排哪些招待，所以，针对民营企业简化编制尤为必要，只要抓住关键的控制点即可，这叫抓大放小，关键点：

① 设立费用中心，一定要分部门记录发生的费用；

② 标准的费用科目，每个费用中心，都用统一的费用科目；

③ 确定费用发生的标准，还以业务招待费为例，年、季度人均招待费就是考核指标，或者招待费与收入的比值也是考核指标，以考核指标作为标准去计划费用预算；

④ 简化编制，可以采用增量预算法，在当年的费用基础上，刨除掉当年一次性发生的费用，按照收入增长比例去做费用预算。

编制费用预算简化了，但是另一个关键内容就来了：成本降低目标与降低方案，也就是在增量预算法做出费用预算后，我们要在这个目标上降低多少成本费用。常用的降低成本的方法有7种：

① 成本消除：去除多余的，不能为企业创造价值的业务操作，从而节约出无效消耗掉的资源，留下成为企业的利润。举例，多余的功能设计和零部件寿命–研发设计不合理。

② 成本转移：有定价话语权的企业，可以通过操纵定价权，将成本上涨的压力，全部或部分的传递给上游或下游企业，例如，通过和供应商签订背靠背条款，把客户回款账期的风险转嫁给供应商。

③ 成本替代：寻找“性价比”更好的，财务可行性更佳的替代资源，在不影响业务工作交付质量与数量的前提下，降低成本。自建厂房改为租赁厂房，降低固定成本。

④ 成本整合：利用量价台价，通过提高资源采购的规模来降低采购单价，从而达到节约成本的目的。例如现在大的集团公司都在推进财务共享中心的建设，从而提升效率降低成本。

⑤ 成本推迟：资金是有成本的，通过合理安排业务计划，避免过早的占用资金，白白支付资金占用成本。举例，工程维修部工程师招聘时间从3月推迟到6月。

⑥ 成本锁定：锁定成本变动的风险（全部或部分），确定盈利目标实现的稳定性，例如与业主签订有调价条款的房屋租赁协议。

⑦ 成本消减：根据成本支出的优先顺序，优先保障核心运营费用，必要时从优先顺序最低的项目开始削减成本开支，尽量避免一刀切，给企业运营带来负面影响，使其最小化。

3. 投资预算

公司的发展离不开投资和融资，这就需要做投资预算，以有效掌控投资总量，明确企业的发展方向，产生最大投资效益。通常而言，投资包含内部投资和外部投资。

内部投资：固定资产的购置、扩建、改造、搬迁等以及企业在无形资产上的投资。

外部投资：包含股权管理、企业兼并、新公司收购以及企业在债券上的投资。

无论是内部投资还是外部投资，都是为企业本身服务的。所以在做投资预算时需要考虑企业什么时候进行投资、投资金额，资金的获取方式，每年的现金流情况，以及收回成本的时间等方面。投资预算一般包括无形资产投资预算、固定资产投资预算、权益性资产投资预算、收购兼并投资预算、债券投资预算以及新项目孵化投资预算等。

另外，企业的投资预算必须考虑企业当下的战略需求，必须有长远的计划，决不能只看当下和眼前。

4. 人员预算

企业的人工成本是用在员工身上的整体费用。在做人员预算时，可以采用“三定”原则来进行，即定编制、定标准、定总额。

（1）定编制

首先，要盘点企业的员工数量，企业的员工数量是从企业的组织结构来的，要细分到不同的部门，不同的岗位，清楚当下岗位要多少人，现在实有多少人。

其次，要清楚次年企业的员工需求。随着企业战略的调整和业务的发展，不同的部门和岗位上所要求的员工数量也会不同。我们一般会分为两大类员工来分别确定编制：1）一线员工，指公司里的销售人员、生产人员或者项目实施人员。这类员工直接与公司的签单量、销售收入、产量等指标直接挂钩，因此，编制相对容易制定，可以直接以上述KPI关键绩效指标，参考公司年度签单量、销售收入、产量等目标来确定员工的编制。2）支持部门的人员预算。如何确定支持部门的人员数量编制？这里我们要用到工作量分析法，就是把部门的工作计划，具体做的事情按照标准工时转化为做这些事情所需要的时间，然后再根据每个人的有效工时，来计算所需要的人员数量编制（如表6–1）。

表6–1　工程维修部全年维修计划工时示例

序号	定检业务代码	定检工作描述	间隔（天）	工时					设备数量	次数	年总工时
				需要工时（小时）	高级工程师维修计划定编（人）	工程师维修计划定编（人）	工程技术员维修计划定编（人）	总工时			
1	MA-0001	燃气锅炉检修	1	2.46			1	2.46	16	365	14,366
2	MA-0002	变电所检修	1	1.64		1	1	3.28	10	365	11,972
3	MA-0003	包装生产线检修	90	4.27	1	1		8.54	8	4	273
4	MA-0004	精加工生产线检修	180	8.50	1		1	17.00	13	2	442
5	MA-0005	粗加工生产线检修	180	14.60	1	1	1	43.80	26	2	2,278
6	MA-0006	中央空调维护保养	30	3.28		1	1	6.56	16	12	1,260
7	MA-0007	质检中心维护保养	30	4.10		1	1	8.20	26	12	2,558
8	MA-0008	办公楼电梯检修	30	6.55			1	6.55	10	12	786
9	MA-0009	工程车维护保养	90	4.91	1	1	2	19.64	10	4	786
10	MA-0010	电信传输设备维护保养	90	1.64	1	1	2	6.56	4	4	105
										定期检修总工时	**34,826**

最后，要分析公司员工流动的规律。所谓有进有出，尤其是底层的员工流失更是普遍，在根据企业战略调整人员需求的同时，制定合理的培养计划。先有内部的晋升，然后再有外部的招聘。

（2）定标准

人员预算的编制通常要制定4个标准：

① 按照公司内部岗位职级确定相应的工资标准。

② 预算年度的调薪标准，确定不同职级、业绩表现所对应的的加薪幅度。

③ 预算年度的升职比例、升职人员的调薪幅度。

④其它标准：奖金与提成标准、加班费、员工培训费、五险一金等。

（3）定总额

厘清企业整体人员情况之后，根据企业的年度预算，充分考虑企业的战略发展方向和财务状况，明确企业人员成本总额，并适时进行调整。

第四节 导入预算管控系统的五个步骤

1. 老板、总经理：设定目标

就以咨询服务行业为例，来讲解一下制定销售目标的过程。首先，这个行业的收入确认的方法非常复杂，因为这类公司跟卖货物的公司不一样，卖货的公司只要货物的灭失风险转移给了甲方，乙方就可以确认收入了；而项目制的公司收入确认方法则完全不同，假如今天我签了一个200万元的咨询项目，合同签订后并不能马上完全确认收入。项目制公司确认收入一般有四种方法：

第一种：完工百分比确认法，即随着成本的发生，逐渐确认收入；

第二种：里程碑确认法，即在合同上跟客户约定完工时间节点，每完成一个节点就确认一部分收入；

第三种：均摊法，即将合同约定的费用按周期进行确认，比如一年12 个月，按月份来确定收入，比如保险行业就是分期确认收入；

第四种：论次确认法，即按次来收费，每上门一次收多少钱。

项目制公司的服务周期比较长，有的是两年、有的是三年，当然也有几个月的项目。IBM公司的战略外包合同有的一签就是10年，也就是服务10年。

传统公司定预算目标的方法就是增量法，比如2019年公司收入100万元，那么在2020年的目标会设定一个增长百分比，比如10%，那么2020年的销售收入目标就是110万元。

这种方式设定目标对于项目制的公司并不一定合理，这里就可以用到上面讲到的收入目标9大确定方法，也是IBM常用的瀑布流法确认销售收入目标。比如2020年的收入应当是由两部分组成：

第一部分是2020年以前签的合同能在2020年所带来的收入。这部分只要问一下项目经理，把已经签过的合同重新梳理一遍，进行合理的预估，就能明确下来。

第二部分是2020年当年签订的合同在2020年所带来的收入。因为项目制公司的合同周期比较长，2020年签订的合同并不一定能完全在2020年交付完合同，会到2021年，甚至是2022年。

如此一来，想要制定2020年的收入目标，需要厘清的第一个数据是当年的签单量和当年转化为收入的关系。利用历史数据，我们可以查一下2019年签订的合同数量，在2019年交付了多少，再查一下2018年签订的合同数量，当年总共交付了多少，可以整理历史3年的数据，用当年转化的收入除以当年的签单量，由此得出签单量和当年转化为收入的转化率的平均值，比如50%，以此为计算依据。

需要厘清的第二个数据是签单量假设。比如公司有10个销售人员，考核销售的KPI指标人均签订量是10万元/人/年，那么2020年由当年签单量所转化的销售收入应该是10个员工×10万元×转化率50%，即50万元的收入增长，加上以前年度签单转入到2020年的，假设是50万元，那么2020年销售团队至少应该完成销售收入目标100万元。

如果我们定明年销售目标为110万元，业务团队就要向老板要资源，例如要求增加人员，比如增加两个人，新签20万元，转化10万元的收入，刚好完成110万元的目标任务。但是老板不这样认为啊，因为增长人员意味着要增加社保，增加用人成本，所以非常困难。如果通过把人均签单量指标，明年从10万元涨到20万元，10个人签120万元的合同然后转化成60万元的收入，也能实现收入目标，不过人均签单指标直接上涨20%，业务负责人也会打担心把团队累倒，所以业务负责人提出一个折中的方案，KPI 指标上调10%，然后增加一名员工，以此与老板达成共识。

预算目标与执行计划就这样确定下来了，制定的过程都是以数据为依据。制定预算目标可以采用三定法来操作，更加简单易操作。

（1）定基数

定收入预算目标时，很多老板直接跟团队敲定一个目标，不管这个目标是高还是低，团队与老板进行商讨，当然希望目标更低一点，于是团队就为了争取一个更低的目标而努力。但是在IBM制定目标时，首先就是定基数，比如之前通过财务分析模型分析出来的100万元就是收入目标基数。啥叫基数？即在明年不增加任何资源的情形下，不给新的费用，不增加新的人员，继续沿用今年的标准，根据市场增长的自然规律所产生的增长。所以定基数的方法是由下往上的，即由部门负责人向老板或总经理汇报而得来的。

（2）定目标

目标通常是老板制定的。目标来自于企业的愿景、使命，来自于企业未来3至5年的战略规划，然后再分解到接下来的第1年，以此形成的一个目标，所以定目标是由上往下的，即由老板到部门主管。

（3）定方案

有了基数和目标之后，执行者必须制定实现目标的方案，这也叫做回应目标，即告诉老板如何实现既定目标。所以定方案是上下相结合的。

在通过三定法确定预算目标时，就会规避企业在制定预算过程中非常头疼的问题，即业务团队总是在争取一个更低的目标。三定法将这个潜规则打破了，老板清楚业务团队能做多少，目标高不高也很清楚。所以说通过三定法打造了一个全新的企业文化，即预算目标不是拿来讨论的，而是需要业务团队告诉老板如何实现的。

2. 部门负责人：确定执行方案

企业目标仅仅只是一个数字，确定执行方案才是最关键的。预算中的“预”是行动计划，“算”是货币表达，对于民营企业行动计划远远大于货币表达。所以老板确定目标后，部门负责人需要确定与之相应的执行方案。

一般情况下，10月份开始准备编制预算，预算的启动；等到11月份由老板或董事会和总经理进行预算的质询与审批，到11月底预算基本敲定；12月份部门负责人把公司目标分解到每个人头上，并让相应的人签字确认，签订目标责任书，年底召开誓师大会与年度业绩承诺会。

3. 员工：落实执行

执行方案是将计划目标落实到每个员工头上，员工在收到个人目标后，就相当于有了KPI指标，那么就要为完成指标而努力。预算做得再好，如果员工的执行力不够，无法落实下来，那么最终也只是纸上谈兵。所以想要达到理想中的效果，必须使与预算项目相应的业务发生紧密的联系，严格执行销售、生产和成本的预算，尽最大可能完成公司制定的利润指标。

4. 老板、业务团队、财务总监：过程管理

在企业经营过程中，必须有一套过程管理系统反应当下企业最新状况，也就是做滚动计划管理，滚动计划并不一定完全遵照上一年所做的预算，因为资源、行情和政策随时都会发生变化，比如预算管理系统中所包含的收入、成本和费用的部分，会因为市场的变化而发生变化。随着市场与大环境的改变，滚动计划就需要进行适当地调整，使之更符合当下行情。

5. 财务总监、人力资源总监：分析与考核

想要执行有效果，一定要有与之相应的考核。通过合理的预测，配合相应的管理报告和绩效管理方式，老板就能监控公司的实际经营活动。

图6-1显示了财务总监提供整个公司和各个部门的KPI关键绩效指标

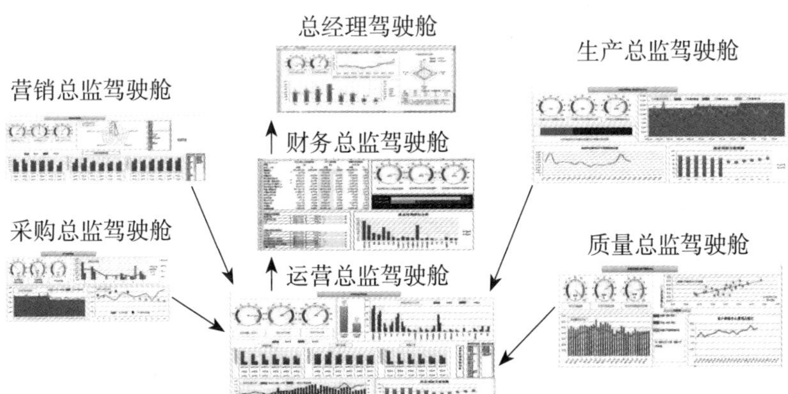

图6-1　执行过程中的管理驾驶舱

数据。各个部门负责人根据此数据发现经营管理中存在的不足并采取相应的改进措施。

【落地工具】

思考空间

一、公司有没有预算管控系统？在预算管理上哪些方面做得不到位？如何弥补？

二、对于服务性行业而言，如何确定收入基数？

三、你是如何评估次年的销售目标的？采用哪些方法才能评估得更准确？

第七章

培养责任感、使命感与成就感——执行报告系统

左老师的点拨箴言

1. 目标不等于结果，计划不等于结果，态度不等于结果，任务不等于结果，职责不等于结果。
2. 凡是工作，必有承诺；凡是承诺，必有计划；凡是计划，必有过程；凡是过程，必有检查；凡是检查，必有奖惩；凡是奖惩，必有改进。
3. 借助执行报告系统，管理层可以建立“以结果为导向”的系统管理模式，从而取代“以权力为中心”的层级管理模式。

第一节　执行报告系统是结果的保障

1. 什么是执行报告系统？

老板制定了考核目标，团队却没什么执行力，根本实现不了这个目标。没有结果，就意味着目标成了空想。管理者向员工要结果，却忽略了获得结果应该有的过程。管理者认为员工执行力不够，没有给企业带来应有的结果，却没有意识到员工的执行力在一定程度上源于企业没有执行报告系统。

能力往往只是造成结果的一个因素，企业的整体文化体系建设才是决定因素。企业没有长期的计划，仅仅只是关注眼前，执行的效果时好时坏，员工的能力也得不到提升。根本性的问题就要从根本上着手解决，而不能只是停留表面。

高管向老板表态：老板这件事交给我。结果不好，态度再好也不行。管理企业要记住几个要点：目标不等于结果，计划不等于结果，态度不等于结果，任务不等于结果，职责不等于结果。

高管不仅要关注结果，还要盯着执行过程。现在的企业财务往往不知道执行报告在哪里。企业做预算就是分析账目，为预算与目标的差距找借口。所以企业必须建立执行报告系统。

合理的执行报告系统，可以让企业各个阶层的员工都参与进来，充分发挥每个员工的才华。企业除了要有战略，还要有执行标准和管理过程，通过执行报告系统来管控执行的程度，为接下来的行动提供依据。

什么是执行报告系统呢？就是通过制度化的平台，发现企业经营过程中存在的问题，并以销售为导向，整合公司各个部门资源，解决各个环节所存在的问题，最终推动各部门齐心合力，实现企业业绩目标。借助执行报告系统，管理层可以建立“结果为导向”的系统管理模式，从而取代“以权力为中心”的层级管理模式。

2. 建立以“结果为导向”的系统管理模式

企业为什么需要执行报告系统?

第一，建立一个不依赖任何能人的制度化的执行系统，靠系统保障执行力，而不是靠老板或某个人。

第二，最大化整合公司资源，统一公司发展方向，通过统一的目标、统一的方向，把所有的劲往一处使，确保完成公司目标。

第三，管理系统从上至下的高效执行，老板的一个命令，一直打到最底层的执行团队。

第四，训练员工的执行力，使能力传承下去。公司靠系统管理，缺少了谁一样可以运转，新来的员工进来后，可以快速融入这套管理系统，创造价值。执行报告系统有助于打破部门墙，让公司各个部门协同作战，最终形成以结果为导向的企业文化与管理模式。所谓“以结果为导向”主要包含以下几个方面：

① 以完成目标为总原则，尽最大努力排除一切困扰；

② 有协调统一的行动计划，各部门没有不执行的理由和借口；

③ 目标的结果只有两方面，即完成和没有完成；

④ 不抱怨苦难，而是正面提出解决困难的方法。

明确的目标是最终的结果。整个公司有共同的目标，通过团队正式的承诺，通过可靠的执行力取得结果，即使最后没有完成目标，最终的差距也会一目了然。

企业建立执行报告系统就是为了“以结果为导向”来管理企业，充分发挥企业各个部门的职能作用。只有每一个员工对结果负责，团队的执行力才会最大化呈现出来。

3. 执行报告系统的3大组成部分

在执行报告系统里最核心的内容是一报两会，它就像珍珠项链的线把执行过程给串起来了，一报两会即业绩承诺会，经营分析会，和经营分析报告。

（1）周/月/季度业绩承诺会

周/月/季度业绩承诺会是公司在落实执行计划过程中最重要的一个会议，主要实现：

① 建立月度、季度为周期的业绩承诺会；

② 业绩承诺会由下至上的汇报层级；

③ 确定业绩承诺会的汇报内容与形式。

周/月/季度业绩承诺会有助于建立高管对财务指标全面负责的企业文化。操作模式是财务、市场、人力资源等各个部门一起完成报告，事业部一把手做汇报，换句话说，业绩承诺会是“一把手工程”，要求汇报的时候，除了业务计划是一把手讲以外，讲到财务数字的时候，也必须是事业部一把手做汇报，这与很多当下民营企业的实务操作有所不同，很多公司在讲到财务数字的时候都要求财务总监来汇报，这种做法就会导致一把手对财务数据了解得不够深入、细致、全面，甚至有些一把手连自己部门发生了多少费用都不知道，那只能说明这个“一把手”根本就没管过费用，如果管过那他应该是能讲清楚、说明白的。所以，业绩承诺会中财务数据的汇报就必须交给事业部一把手做，这也是倒逼“一把手”对业务负责、对数字负责，只要“一把手”负起责任，他下面的人必然也会负起责任，这就是所谓的“老板关注什么，员工就会干什么”。那“一把手”要对哪些数字做业绩承诺呢？一般应包括签单量、收入、成本、毛利、费用、税前净利润以及存货和应收账款这些影响企业现金流的指标。传统的事业部一把手往往只对签单量和收入指标负责，这里加入了成本、费用、毛利、现金流等指标就是让这些“一把手”从只有“业绩思维”转变成也具备“利润思维”“现金流思维”，真正成为有财务思维的合格的“一把手”。除了承诺这些数字外，“一把手”还要对所承诺的业绩指标制定相对应的行动计划，如何实现承诺的销售收入，如何实现承诺的税前利润等。当然有些公司不是事业部的组织架构，那这个“一把手”就是销售部负责人。销售部负责人如何做业绩承诺呢？那就是召开结构化的销售会议。结构化的销售会议包含5大内容：

① 销售关键绩效指标KPI的完成情况；

② 总体销售商机情况的汇总；

③ 按销售底盘深入分析，可以按区域、客户行业、产品线等维度；

④ 大客户、大单的深入分析；

⑤ 签单承诺和补单计划。

业绩承诺往往是相互的，高管向公司承诺业绩，公司向高管承诺完成业绩后的回报。通过业绩承诺会，让公司由上至下的各个部门串联起来，让高管对公司的财务指标全面负责。

（2）周/月/季度经营分析会

周/月/季度经营分析会是通过收集与经营相关的数据，建立企业的报表系统，通过数据发现企业经营过程中存在的问题，针对业绩差距，寻找根本原因以及解决方法，通过KPI指标评价团队绩效表现。

（3）经营分析报告

经营分析报告是反映企业当下经营状况以及目标完成情况的重要报告，是管理团队进行决策的依据，管理层通过经营分析报告促进计划的落实。经营分析报告的主要目的就是确保目标实现，加强对过程的管控。

公司要搭建一套管理系统，将一报两会建立起来，业绩承诺会是事前的计划，经营分析会是事中控制，而经营分析报告是事后的总结，民营企业的管理系统应该由事后的总结逐步向事前计划与事中控制转型。

典型案例

华为公司执行报告系统管理机制

华为公司采用的是“一报两会”管理方式，一报指的是经营分析报告，两会指的是业绩承诺会与经营分析报告讲解会，主要负责人是事业部总经理，面向全球各大片区和产品事业部。主要操作方式是由财务、市场、动作一起完成报告，由公司一把手进行宣讲。

第二节　企业缺乏执行报告系统的后果

1. “无结果”员工的三大名言

企业执行力弱，一个主要的原因就是缺乏执行报告系统。企业管理要告别传统的老板给目标，做到了有奖励、做不到打板子的“秋后算账”式的管理模式。在企业里，我们要建立一套业务管理流程：员工做业绩承诺，员工自己制定业务计划、老板给建议、老板与员工对业绩目标达成共识、过程数据化管理、事后分析改进。否则，我们只会听到一批无结果的汇报：“老板，我按您说的去做了”，“老板，我已经尽最大努力了”，“老板，我该做的都做了”。

2. 企业越大，越不挣钱

企业管理一大头疼的事就是老板该做的事情都做了，给了提成，答应员工的也兑现了，但是销售就是没动力。老板不停地抱怨员工的能力不行，但是又不知道如何改变。往往老板开10家店赚钱，开到20家时勉强保本，到了30家时就会亏钱。企业越大越不赚钱。

究其原因在于，企业小的时候，老板事事都抓，企业大大小小的事老板了如指掌，比如每一个订单老板都会过问，不赚钱的单子少接。每一个员工的工作量都是饱和的，老板清楚每个人的能力，知道员工做了多少事，执行力有充分的保障。可是当公司壮大后，老板精力有限，很多事情交给了专门的人来负责，又没有合适有效的管理方法，企业虽然越来越大，但是利润却越来越少。所以老板需要建立标准的执行报告系统，通过系统来管理企业。

典型案例

广东有一家企业近几年发展势头不错，前年的营业额只有6000万元，去年就破亿元了。今年虽然经济形势不太好，但是也超过了1.2亿元。可是老板却发现一个问题，企业的利润这几年不但没有同步增长，反而在逐步下降。比如前年的利润是900万元，去年只有700万元，今年更低的连300万元都悬。

为什么企业营业额大了利润反而低了呢?

从财务的角度分析：销售收入这两年分别有70%和30%的增长，但这些增长一大部分是通过给客户更大折扣或者说降价换来的。除了降价导致毛利率下降，原材料成本的上涨也减少了这家公司的毛利率。与此同时，公司的固定成本也因为业务快速扩张而大幅度增长，比如员工数量增长，新设备的投入等分别以90%和60%的速度增长。这样一来，销售毛利只有20%的企业自然没有什么利润可言了。

第三节　业绩承诺会：老板与高管的双向承诺

1. 明确目标与共识

业绩承诺会是老板与高管的双向承诺，即高管向老板承诺业绩，老板承诺给予相应的回报。业绩承诺能在一定程度上反映出高管对业务的把控能力与发展的信心。

一个成功的业绩承诺会有两个关键要素："共识承诺"和"关键任务"。想要团队有执行力，第一个要素就是老板与高管之间有"共识"，我经常听到老板对下属说的一句话是"你理解也得执行，不理解也得执行"，这种说法在大多数场景下都是错误的，因为高管不理解就不会对要做的事情形成共识，高管心中对这件事情都不确定该做还是不该做，那执行的力度一定是大打折扣。所以，共识是正确执行的首要条件，就如同军队没有目标的行军一样，当然不能像有组织的行军那样大胆、自信、快速地前进。

想让高管与老板能快速、充分地达成共识，最好的办法就是让高管自己做承诺、自己制定方案，高管是不会反对自己承诺的事情的，那这时就会出现两个问题：第一，高管为了实现目标，承诺一个更低、更有把握的数字。第二，高管做的方案不合理、不具备可执行性，就任由高管这样走下去么？答案当然不是，这时候就需要老板扮演“教练”的角色，给高管提出建议、意见，引导高管走向正确的方向，所以我们经常讲一个好的老板一定不是一个“命令者”而应该是一个“好教练”，帮助高管提升自身的管理水平。如果高管承诺一个更低、更有把握的数字，老板可以祭出两个杀手锏：

① 三级递进目标。我们必须承认，制定一个准确的目标是有难度的，定低了，员工很容易达成，失去了督促团队的意义；定高了，员工直接放弃，失去了激励的意义。通过“三级递进目标”的设定就是给高管的目标设定三个难度递增的目标，我们不去苛责目标的准确性。三级递进目标设定是由保底目标、平衡目标和冲刺目标三部分组成的。保底目标是高管必须守住的底线，没有退路，不设退路就是一种推动，有很强的管理效应。保底目标虽然可以保证最低的收益，但是如果每个高管都以守住底线为目标去做事的话，那么这个组织很难取得进步。所以，除了设置保底目标之外，企业还必须制定平衡目标。

平衡目标是比保底目标更高的一个目标。通常，我们在制定平衡目标时，要遵循5/5开原则，即让高管感觉有可能实现目标。当一个目标有一半的可能实现，大多数的高管就会选择去做，那么这个目标就有了督促团队的作用。当然，团队里可能还有一些超能力的精英，这个时候我们还要为他们设定一个冲刺目标。

冲刺目标和保底目标相反。对于高管来说，冲刺目标有80%的挑战、20%的把握，也就是说，如果按照常态去做事，这个目标是很难实现的。有人可能会问，既然是很难实现的目标，那为什么还要制定呢？这其实是管理心理学的效应。心理学家说，群体是需要梦想的，万一实现了呢？当然，如果一个目标很容易实现，而且人人都能实现，这也就不是梦想了。梦想对群体有持续的激励作用，而且，我们也要筛选出来企业里有梦想的高管，这会是企业真正的“财富”。

三个目标如同三座大山，爬完一座还有一座，而且一山还比一山高，没有停留的时间。通过“三级目标”解决了企业目标唯一、目标设定不好的弊病，给高管更加灵活的应对方式。

② 第二个杀手锏：我们要加强财务团队的专业水平与能力。在上一章的内容里我们讲到目标制定的9大方法，抛开高管的业绩承诺，老板可以依靠财务团队通过这9大方法计算业务团队可能实现的业绩目标。举一个例子，销售漏斗法，老板可以通过看销售的商机与商机进展的阶段，判断最终能签约的合同金额。高管如果承诺数字较低，老板可以跟高管就商机的情况，逐一讨论哪些商机放进承诺里了，哪些商机没放进来，没有放进承诺的考虑是什么，我们可以做什么把这些商机放进承诺里，通过这样的管理方式，倒逼高管回到合理的业绩承诺目标。通过这9大收入目标的制定方法而得出的财务预测数字，我们也可以称之为“业绩支撑线”，如果业务团队承诺的数字低于“业绩支撑线”，我们有理由判断是团队执行力出现问题了；反之则说明团队的执行力在线。

成功的业绩承诺会的第二个要素是：关键任务。有了“三级递进指标”，如何实现三级指标，高管需要制定实现目标的关键任务，而关键任务就是高管打算如何实现目标与所需要的资源，没有资源保障的执行是没有力度的。正所谓“巧妇难为无米之炊”。这些资源可能是价格的支持、商务条款的支持、代理商的支持、奖励的政策、供货的支持等，这个支持是需要公司各个部门去配合的。因此，业绩承诺会的意义就展现出来了：以销售为导向，整合公司内外部资源，去实现公司的业绩目标。这就是我所说的“窜起珍珠项链的那根线”。

2. 传递信心与决心

业绩承诺会所传递出来的是老板与高管对实现业绩目标的共同决心和信心。这个决心和信心还要从高管层向公司的中层管理者以及基层员工传递，所以当老板与高管开完业绩承诺会后，高管要继续推进，由中层管理者向高管做业绩承诺，中层管理者的业绩承诺数字一定是从基层员工汇总上来的，这样一来公司通过业绩承诺会就把整个公司的管理从上至下串联起来，而业绩承诺会所传递的企业文化，“以结果为导向”“重结果也重过程”“不抱怨问题而是如何解决问题”等等也会在企业里生根发芽。

综上所述，企业若想基业长青，打造执行力，就必须通过执行报告系统的推进，在企业打造一个让所有员工都最大程度地去追求最大绩效的管理系统。这个系统不是从天上掉下来的，而是通过一批又一批的管理者持续改进、不断完善建立起来的。要想使所有的管理者在推行这个系统时都毫不犹豫、心甘情愿，而且这项制度不会因为人员更替而被放弃，就必须让老板坚定相信并且持续推行这个系统，使它成为企业文化的重要组成部分，通过管理塑造文化，通过文化坚定管理。

第四节 经营分析会：企业目标落地的助推器

1. 从绩效考核到绩效管理

民营企业财务当下有一个困惑，经营分析会就是财务出具一堆报表，点评一下公司及各部门的表现，业务团队给出一个看似合理的解释，老板讲几句鼓励、批评的话，收官结束，如此反复，每个月都在上演同样的戏码。我们不禁要问，有意义么？价值大么？

财务分析师要想跳出数字游戏，从报告企业业绩到解释企业的绩效，先需要了解什么是完善的企业绩效管理体系，以及它和经营分析有什么关系。企业绩效管理包括企业在设立战略、编制计划、监控执行、预测绩效和报告经营成果过程中，通过系统的方法建立流程开展目标设定、计划、资源分配、预测、业绩报告与分析，使组织内每个成员能够更好理解经营目标，实施运营计划和积极影响企业运作的优化进程，从而实现企业的可持续发展。它有别与国王的绩效考核，包含了财务和业务等多个方面。

传统的绩效考核有如下特点：

① 只是人事、薪酬制度的一部分，并不是一个完整的管理工具，无法向管理层支出改进的方向。

② 关注部门、个人的历史指标，重过去、轻未来。

③ 财务部主要作为历史数据的提供者参与管理，仅关注损益类财务指标，侧重于公司的短期应收。

④ 只评估已经发生的经营活动，没有对未来提出改进意见。

许多企业常常把绩效管理等同于绩效考核，无外乎每个部门、每个岗位都有一系列考核指标，然后根据达标与否评价部门业绩和个人表现，并且与奖惩制度挂钩。这种重考核奖惩、轻辅导沟通的绩效管理体系没有形成与员工一起商讨弥补不足和制定改进计划的文化和机制，并不能达到持续改进全员绩效水平的目的。

而现代绩效管理的特征：

① 着眼于公司绩效，成为连接公司战略与个人行为的一整套管理工具，是建立在持续沟通、辅导与反馈基础上的业务循环。

② 以预算、控制、预测等形式将有限的资源集中在重要的事情上。

③ 财务部作为重要的组织者、沟通者参与绩效管理全过程。

④ 根据经营需要，将财务与非财务指标在较长时间跨度内分解，与执行计划紧密连接在一起。

⑤ 不仅评估已经发生的经营活动，并对未来做出规划。

企业绩效管理是一种现代绩效管理系统，它以一种系统的观点审视企业绩效的整个价值链，将战略目标与规划、预算、财务评价乃至于员工激励和绩效考核紧密联系在一起，从而推进企业绩效的可持续提升。

2. 经营分析在企业绩效管理体系中的作用

企业绩效管理与经营分析有什么关系？在企业绩效管理系统中，绩效目标的跟踪与评估需要依靠完善的财务报表来反映。它需要建立规范的确认计量方法和业务分析维度，并依靠一定数据管理和信息系统的技术支持来实现。

经营分析需要具备以下原则和方法：

① 注重预测与实际之间的差异分析而非预测过程本身。

② 解读评价绩效结果而非仅仅公布数字结果和图表。

③ 洞察多种可能的业务场景并预计相应的结果。

④ 寻找业务经营中各项收入、成本的关键驱动因素。

⑤ 理解不同指标间的关系。

⑥ 洞察不同业务单位间的互动带来的影响。

⑦ 使用标杆研究方法衡量绩效的优劣。

3. 从数字汇报到推进企业绩效改进

经营分析要洞察业务，分析实际与预测间的差异、挖掘影响指标的驱动因素、与可能的业务活动之间的联系。这样的分析是对业绩承诺进行回顾和监控，并为在未来做出新的业绩承诺时进行工作任务部署、最终完成目标做出有效指导。

从分析技术上讲，这种分析方法也更容易解释绩效，原因是编制年度预算的时间是在去年，而业绩承诺时在本月初更新的，对业务变化的因素掌握的细节更多，预测的方法也更有数据支撑。

在分析完差异后的关键任务式挖掘每项指标差异金额产生原因和影响金额。这需要财务部与对该指标直接负责的业务部门一起合作，因为支撑该项指标预测数字的依据和预测过程都是由业务团队在本月初完成的。对财务部而言，简单的做法是先列出本月实际发生的会计交易，附上某些业务部门熟知的业务识别信息，例如，客户、地区、订单号、产品型号和物料编码等，这样可以确保业务团队查询和回忆本月发生了什么“故事”，导致实际金额偏离了月初的预测。这些“故事”往往不是会计分录的摘要和原始凭证能反映出来的。

另外，差异分析还可以从驱动因素出发，例如销售收入的驱动因素可以分为销量、价格、销售的产品组合这三项，当销售部门每月做收入的业绩承诺时，也可以要求详细列明这三项，在分析销售收入差异产生原因时就可以将差异分解，分别分析销量、价格与产品销售的组合各自所产生的差异原因。

财务分析的工作是伴随着“解释”与跟踪“业务计划”来展开的，由于每一项关键业绩指标都有负责的部门，因此这些部门的负责人需要在每个月的经营分析会上对出现重大差异的指标进行解释，对于不良的未达标的业绩在会议上拟定改进行动计划，然后于下一次经营分析会上回顾行动计划的完成情况。

经营分析报告对实际与预测的差异分析以及对产生原因的洞察，是为了发现问题并改进，因此在每个月的经营分析会上除了针对本期业绩的改进点讨论决定业务部门的改进计划，还需要回顾上期绩效改进行动计划的执行效果。改进行动计划包括所发现的问题、对业绩金额的影响、改进行动内容、相关负责部门和计划完成的时间节点。相应的经营分析报告上也应反映这一点，这是经营分析会的重要目的之一。

第五节　经营分析报告应该包括的内容

1. 企业筹资分析

经营分析报告能实时反映企业的经营状况以及目标的完成情况，是管理团队进行下一步决策的重要依据，有利于计划的跟进与落实。经营分析报告的作用就是确保实现目标。

一份合格的经营分析报告应包括企业筹资分析、企业投资分析、企业生产经营成果分析、企业成本分析、企业盈利分析以及企业财务现状分析六个方面。

企业筹资分析能在一定程度上保证企业顺利运营，主要是降低企业筹资成本，权衡收益，规避风险，其内容包含筹资成本和筹资结构两种形式。

（1）筹资成本

筹资成本是企业获得到利润和资金所要花费的费用，分为筹资费用和资金使用费用两种。筹资成本能够反映企业在资金筹集方面的情况。企业的筹资总成本就是筹资费用与使用费用的总和，而单位资金成本则等于资金使用费用除以筹资金额与筹资费用之差。

（2）筹资结构

分析筹资结构的主要目的是为了优化企业的筹资结构，在有效降低筹资成本的同时，让企业拥有更高的风险承担能力。资本能在一定程度上决定企业资金实力，如果企业的财务风险越小，那么企业的资金实力就越强。所以必须优化筹资结构，先要降低企业的负债成本和权益筹资成本，接着加大企业在低成本筹资上的比重，使其成为主要的筹资手段。通过优化筹资结构，企业的整体筹资水平会得到较大的提升。

2. 企业投资分析

企业发展到一定阶段，必然要进行投资，则需要进行投资分析，主要分析的指标包含投资净产值率、投资盈利率和投资回收期。

（1）投资净产值率

投资净产值率能反应出企业投资所带来的净收入情况，其计算公式如下：

投资净产值率=年净产值/项目总投资额×100%

所谓项目总投资额就是公司花在投资项目上的总费用，包括固定投资和流动投资以及人员的调动费用等。而年净产值则是公司在该项目上一年所创造的净价值。

（2）投资盈利率

任何投资都是为了回报。企业投资盈利率能反映出所投项目的盈利水平，其计算公式如下：

投资盈利率=项目建成投产后平均年盈利额/项目投资总额×100%

所谓项目完成后平均年盈利额指的是项目整体完成，每年所带来的盈利情况。比如公司投资某个项目花了三年，总盈利额为3000万元，那么该项目的平均年盈利额就是1000万元。

（3）投资回收期

投资回收期是企业进行投资所产生的收益达到最初的投资额所需要的时间，通俗点来说就是企业的回本年限，通常又分为静态投资回收期和动态投资回收期。

静态投资回收期一般不考虑资金的时间价值，单纯地以项目的净收益回收为标准计算回收期。而动态投资回收期则完全不同，把花在投资项目上的费用按基本的收益率折成现有产值后来计算投资回收期。

3. 企业生产经营成果分析

企业生产经营成果分析主要分为企业生产成果分析和企业销售成果分析两个方面。

（1）企业生产成果分析

企业生产成果主要体现在产品上，即产量、品种和质量三个方面，主要分析的是企业生产部是否按计划完成了生产，同时产量同比或环比的增长情况以及不良品报废等情况。

（2）企业销售成果分析

主要是销售部门对于产品销售的完成情况，主要包含企业所有产品的销售情况分析、销售合同执行分析以及最重要的产品的市场占有率。产品的市场占有率又在一定程度上与企业的战略计划与营销计划相关。

在分析企业销售成果时，可以从广告投入与产出比和市场占有率两个方面进行分析。广告投入与产出比是衡量公司广告投放效益的重要指标，可以看清楚公司与竞争对手在产品策略上的相同与不同，从而有利于更好地打开产品市场。

而市场占有率分析是企业产品业务能力的重要体现，不仅要统计产品的销售数量，还要统计产品的销售收入，通过这两个指标才能衡量产品到底占有多大的市场。通过横向对比判断企业该年度在行业内的位置，通过纵向对比厘清企业历年来市场占有率的变化，从而看到该产品的成长趋势，为下一步的决策提供依据。

4. 企业成本分析

经营的本质是为企业创造利润，利润的产生离不开成本。企业想要获得利润，必然要进行投入，投入的多少决定企业最终的利润额。

通常企业的成本是由多个方面构成的，比如生产成本、人工成本、销售成本、报废回收成本等，只有分析该月或该季度企业在各个方面的成本比例，通过结构上的调整和控制，在那些较高的费用支出上进行改进，才能起到有效控制的作用。

通过企业成本分析，可以看出企业的亏损情况。比如企业的费用比例大于1，则表明支出大于收入，企业处于亏损状况，需要降低成本和增加收入，避免企业长期处于亏损中。

要知道企业的经营是持续进行的，不是由单一地或某一项事情来决定的，因而从某一个时间节点来判断企业的经营有失偏颇。企业成本分析能在一定程度上及时发现经营中的问题并做出调整，以避免企业经营风险。

5. 企业盈利分析

财务提供的利润报表在一定程度上能反映企业的经营成果，但是企业的经营是综合性的，要具体落实下来，包括业务、合同、产品与项目上的盈利细则。所以要进行企业盈利分析，即对销售的所有产品和所有服务的盈利进行核算，其计算公式为：

产品盈利=该产品销售收入-该产品直接成本-该产品的分摊费用

服务盈利=该服务所带来的收入-该服务的直接成本-该服务的分摊费用

上述公式中的分摊费用指的是不能明确认定在产品或服务上的间接费用，比如广告投入费用、管理费用、维修费用以及开发费用等，因为这是企业的整体运营行为，不能片面地认定为某一产品或某一服务，所以需要进行一定比例的费用分摊。

至于分摊费用的计算方式，不同的企业有不同的标准，主要在于企业在该产品或该服务上所投入的人力、物力、财力的大小，找到成本动因并以此作为分摊标准，如果重点产品或重点服务消耗的资源多，那么所分摊的费用自然更高。

企业的盈利分析是企业运营管理的重要指标，最好能做到单产品或单服务，通过全面系统的分析，能清楚地看到企业的主要盈利点，比如哪些产品赚钱，哪些产品不赚钱，哪些产品该加大力度发展，由此可以明确企业的发展方向。

6. 企业财务现状分析

企业的任何决策离不开准确的数据，财务部门是企业各项数据的重要来源，所以财务数据能在很大程度上决定企业的发展方向。通常企业财务现状分析包含企业收益性分析、企业成长性分析、企业安全性分析、企业活动性分析和企业经营业绩综合评价分析五个方面。

（1）企业收益性分析

收益性分析报表能表明企业的盈利情况，通常有四个重要指标，即毛利率、销售利润率、总资产收益率和净资产收益率，其计算公式分别如下：

毛利润率=销售利润/销售收入×100%

销售利润率=（毛利–综合费用）/销售收入×100%

总资产收益率=息税前利润/资产合计×100%

净资产收益率=净利润/所有者权益合计×100%

（2）企业成长性分析

企业总是在不断发展的，至于是否具备成长性，则要看持续盈利的能力。企业的成长性分析通常从三个方面进行，即销售收入成长率、利润成长率和净资产成长率，其计算公式为：

销售收入成长率=（本月销售收入–上月销售收入）/上月销售收入×100%

利润成长率=（本月利润–上月利润）/上月利润×100%

净资产成长率=（本季度净资产–上季度净资产）/上季度净资产×100%

其中销售收入成长率所衡量的是企业的销售收入增长情况，利润成长率所表现的是企业利润的增长情况，而净资产成长率则反映的是企业净资产增长的速度，是衡量股东投资的重要指标。

（3）企业安全性分析

企业财务是否稳定，会不会出现财务危机，均由企业安全性分析报表反映出来。该表里面主要包含四个重要指标，即资金流动比率、资金速动比率、固定资产适配率和资产负债率，其计算公式为：

资金流动比率=流动资产/流动负债×100%

资金速动比率=速动资产/流动负债×100%

其中速动资产=流动资产−在制品−产成品−原材料

与资金流动比率一样，资金速动比率也体现企业偿还债务的能力，但是更能说明企业的财务现状。

固定资产适配率=企业固定资产/（长期负债+所有者权益）×100%

资产负债率=负债/资产×100%

（4）企业活动性分析

企业想要发展，必须要有活力。从企业资产管理上讲就是企业经营业绩的评价，主要表现在四个方面，即应收账款周转率、存货周转率、固定资产周转率和总资产周转率。其中应收账款周转率体现了企业的资金回收能力。存货周转率体现企业的库存情况，能反映企业在采购、库存、生产以及销售的连接程度。固定资产周转率反映企业的固定资产情况。而总资产周转率则能反映企业总资产的周转速度，能表现企业的销售能力。

（5）企业经营业绩综合评价分析

企业需要认清自己在行业中的位置，一般可以分析同行业的多家公司，从市场占有率、投放比率等进行对比分析，发现企业与行业平均水平之间的差距，为企业日后的经营决策提供依据。

典型案例

ELHX服饰有限公司如何实现3年业绩增长5倍

ELHX服饰有限公司2015—2018年的收入情况表

年份	总收入（亿元）
2015	3
2016	6
2017	10
2018	15

从上表可以看出，ELHX服饰有限公司三年的收入从3亿元增长到15亿元，其主要的成果是建立在执行报告系统之上的，我从流程、员工管理和经营分析报告三个方面解读：

建立的主要流程有：

1. 建立业绩承诺会流程，即每季度、月份大区总经理对老板、大店长对大区总经理做业绩承诺机制，上下打通公司管理瓶颈；

2. 建立月底经营分析会流程；

3. 建立周计划流程和周汇报流程；

4. 建立绩效考核流程；

5. 建立反馈面谈流程。

对员工的管理：

1. 建立利润中心分享模式，所有门店单独核算，超过利润指标则有分红；

2. 成立ELHX商学院，主要为员工提供培训服务，全面提升员工的技能和能力；

3. 发放父母养老金，为员工制定合理的晋升规则。

建立执行报告系统：

1. 定期召开年度经营计划会议，制定年度战略和年度目标；
2. 建立按季度、月的业绩承诺会与经营分析会；
3. 部门的周例会

【落地工具1】企业《业绩承诺书》模版

公司领导：

为充分体现效率优先、多劳多得的分配原则，我自愿对公司分配的销售任务承诺绩效责任：_____年__月__日至_____年__月__日完成________万元（￥_________元整）销售任务，月均完成________万元（￥_________元整）销售任务（此处销售任务为预付卡序列业务人员薪资级别对应的月度收益指标）；承诺将本人的当月考核工资与当月销售业绩挂钩，参与月度绩效考核，并按照当月绩效考核结果领取考核工资。

在自愿签署本承诺书之前，本人已学习并了解《关于下发20××年绩效考核方案通知（试行）》等文件，已熟知公司的相关政策及本人的各项权利和义务，特此承诺：若本人无法胜任销售岗位工作，将由公司根据《劳动合同法》及公司相关规定处理[月度考核完成率低于60%，参加在岗培训1个月，培训期间薪酬按照当地最低工资标准发放；培训结束后1个月销售业绩仍达不到上述要求时，双方协商解除劳动合同。

承诺人：

年　月　日

【落地工具2】企业经营分析会报告模板

【落地工具3】过程管理-路线图模板

【落地工具4】财务报告及管理报表编制制度

【落地工具5】企业管理驾驶舱模版

（其中落地工具2、3、4在老师财税系统落地工具包中）

思考空间

一、企业当下团队的执行力如何？是否建立执行报告系统？是否建立以“结果”为导向的管理模式？

二、企业是否每月、每季度召开过业绩承诺会？

三、企业的经营分析会有没有切中要点？根据企业情况，梳理企业经营分析会的重点。

四、企业的经营分析报告所包含的内容是否全面？以及接下来用什么方法来完善和丰富经营分析报告？

第八章

新解“唯利是图”——利润增长系统

左老师的点拨箴言

1. 精准的利润数据来源于精准的成本核算！
2. 利润的蛋糕如何分，老板、高管、员工分的一定是增量的利润。
3. 营销只是一个手段，企业想要持久发展，想做大做强，就得把地基夯实，依靠完善的系统，当把团队的能力全部激发出来之后，他们自己就会帮你做营销、持续赚钱。

第一节　利润来源于准确的成本核算

1. 来自老板的困惑

纵观现在的中小型民营企业，除了管理混乱、市场单一、账目混乱等沉疴旧疾之外，还有一个不容忽视的严重问题：很多老板都不知道企业现在依靠什么赚钱、应该依靠什么赚钱，也不知道应该拓展哪些赚钱方法来提升企业收益，不懂得怎样开源，更不知如何节流。

这会导致企业的运营看似有条不紊，实则不温不火，只是在勉强维持收支平衡而已，老板赚不到大钱，甚至年终一算账时，发现自己当老板的收入还不如去给大企业做高管赚的多，而员工辛辛苦苦工作了好几年，工资也不见上涨，终究是老板丧失了热情、员工也寒了心。

这些老板还常常会有以下几种困惑：

① 某个产品的成本是1元钱，但是客户只能接受0.8元的报价，不然就丢单，我们接还是不接这个单？接单会赔钱，不接单就赚不到钱，甚至会流失客户。接单之后，又该如何把成本控制在0.8元以下，让自己不至于白忙活一场？

② 优质客户就在眼前，单子却接不下来，老板问其原因，销售部门说是因为技术部门不行，工艺达不到客户的要求，技术部门则说是因为销售部门不行，总是接一些成本预算很低、技术标准却很高的烂单子…… 公司各个部门之间相互推诿扯皮的情况不断发生。老板、高管、员工本应该属于利益共同体的关系，如何让他们不再划清阵营各为其利、而是把力气往一处使呢？

③ 销售部门主管有时候会大吐苦水，说：“我感觉自己是弱势群体，好不容易找到客户，生产部门却说做不了，不配合、不合作。为了顺利接单，为了把公司里的相关部门搞定，销售不只要和外面客户喝，还要和内部同事喝，上上下下、里里外外，都得打通关系。现在的销售真是太不容易了，就像是个体户，事事亲力亲为，谈单之外还要对账、收款，不归自己管的也得管，不该自己做的也得做，稍微有点顾及不到，就寸步难行。”公司里有明确的部门设置与职能划分，为什么还会出现这种情况呢？

④ 谈合同给客户做报价，没有专业的部门进行对接，全靠老板娘一个人算，面对账目混乱、成本核算模糊的情况，老板娘只能凭经验凭感觉报价，经常这一单赚钱、那一单亏钱。虽然知道问题所在，但却找不到解决问题的办法。如何把勉为其难的老板娘从她不擅长的领域里“解放”出来呢？谁又能成为她的左膀右臂、为她分忧解难呢？

⑤ 公司以前效益挺好，现在赚钱却越来越难，头痛不已的老板想要通过降低成本来增加收益，但消耗资源最大的生产部门对此一点也不上心，根本不关心成本、费用，只关心东西有没有生产出来、报废率高不高、质量好不好、有没有按时给客户交东西。当老板想知道哪里损耗多了、哪张订单亏了的时候，财务也算不出来准确数据，只能把一笔乱账摆在老板面前让他自己掂量。如何让生产部门和财务部门做到想老板之所想、急老板之所急呢？

⑥ 老板希望省出20%的费用，高管、厂长、人力资源总监则希望涨10%的员工工资，面对这种看似双方利益此消彼长的情况，应该怎么办？

这些困惑不仅映射出了公司管理系统的不健全，也反映了整个公司都存在不同程度的财务思维缺失。如何解决上述问题？最佳答案就是：把利润的蛋糕做大，大家不是只盯着现有的蛋糕分，那样做只会越切越少、坐吃山空，而且大家在企业内部争来争去就会发展成“窝里斗”现象，员工切多了、老板不干，老板切多了、员工又不干，相互不满、相互算计，最终内耗严重，拖垮了企业。这时候我们可以换个思路，在现有蛋糕的基础上把这个蛋糕做大，我们可以去跟老板分增量的收益，如果你创造出了更多的利润，老板就可以根据绩效制度把这部分多出来的利润分配给大家，大部分矛盾也都能够迎刃而解，做到双赢。

那么，如何创造出更多的利润呢？利润增长系统会告诉我们答案。

2. 什么是利润增长系统？

利润增长系统的主体是利润中心。

利润中心可以分为自然的与人为的利润中心。

自然的利润中心：一般是企业内部的独立单位，它们直接向外部市场销售产品或提供劳务，以此取得实际收入、给企业带来利润，比如分公司、销售部、独立运营的事业部等。

人为的利润中心：在公司内部具有独立经营权的各部门，按照内部结算（转移）价格，将产品或劳务提供给本企业其他责任中心，以此取得收入、带来内部利润，比如生产部门、物流部门等。在内部转移价格合理的前提下，大多数的成本中心都可以转化为人为的利润中心。

利润中心具有以下几个特点：

① 作为企业内部独立的经营个体，处于企业中较高层次，功能完整、边界清晰，能同时控制生产和销售，在确定产品售价、选择采购来源、组织人员管理、规划设备投资等方面，表现出高度自主性。即能够通过动用资源、自主决策来影响企业的盈利情况。

② 有一定收入与支出，拥有独立的损益表。

③ 既要对成本负责又要对收入负责，根据盈亏金额，评估经营绩效。

简言之，利润中心就是一种对利润负责的责任中心。

利润增长系统，就是通过把公司内部组织划分成责任中心，通过独立核算各个责任中心带来的收入、成本、费用、利润，使公司管理层、员工层即全员对企业利润负责，从而实现利润增长的一套系统，是现代化企业利润管理的通用模式。

3. 独立核算的利润中心的两个难点是什么？

企业利润管理的精细化程度取决于成本核算的准确性。没有准确的成本核算，就没有办法做利润中心的交易模式。所以建立独立核算的利润中心有两个操作难点：

第一个操作难点是内部交易价格的制定。

传统的成本结算方法是生产部门将产品生产出来之后，销售人员把产品卖出去，去掉制造的成本，去掉销售的经费，就得到公司的利润，这个业务循环中没有内部的交易，也就是生产部把产品生产出来后销售部就把产品卖给了客户，不存在生产部通过内部交易卖给销售这个环节，所以生产部没有产生收入，也就没有生产部利润一说。而利润中心的结算方式是，制造部门将产品生产出来后卖给销售部门，得到生产部门的利润，销售部门按照生产部门卖给他的价格、加价后再卖给终端客户，然后减掉买过来的成本、再减掉销售经费，就得到销售部门的利润（如图8-1所示）。

当生产制造部门变成独立的利润中心之后，到底应该用什么价格进行内部交易？销售部门把产品销售给外部顾客时的价格是由市场自由竞争影响的，而生产部门把产品”卖”给销售部门时，便少了这部分影响因素、多了一些自主因素，销售部门希望价格低一点，生产部门希望价格高一点，大家都想让自己的部门少点成本、多点收入，双方矛盾就出现了，大量精力浪费在讨价还价的过程中。

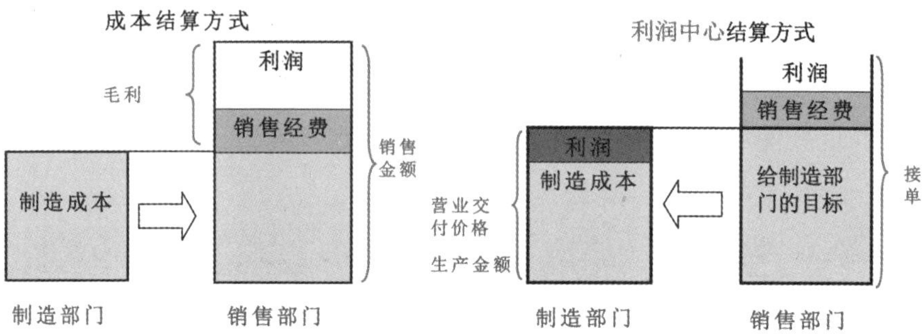

图8–1 内部交易价格的制定

第二个难点是间接费用的分摊。

与生产部门和销售部门的成本不同，企业内部的其他支持部门所产生的“成本”通常以“费用”的形式出现，比如财务部的费用、人力资源部的费用、行政部门的费用，这就涉及间接费用的分摊问题。如果分摊标准与流程不明晰，就会增大推行利润增长系统的难度。

这两个难点要靠什么手段解决？要靠谁来主持公道？毫无疑问，应该是精确的财务核算。

典型案例

GLDTW公司的利润增长系统

在系统导入前，门店与各个支持部门都属于典型的“吃大锅饭”模式，门店卖好卖坏店长和店员挣到的都差不多，单店利润率是9.8%。

导入利润增长系统之后，GLDTW公司现在已经转型为“独立核算模式”，门店与各个支持部门都成为了利润中心，门店达成利润目标后，超额的利润公司与门店5/5分成，彻底激发了门店员工的工作干劲，下雨天也在门外吆喝，只要路上有人就不关店。经过半年时间，门店的利润率从以前的9.8%涨到15.2%。从总体来看，整个公司的部门设置没变，主营业务没变，顾客和市场也没变，但是导入了利润增长系统后，利润率却有很大的提升。

第二节　建立利润增长系统势在必行

1. 避免吃“大锅饭”，多劳多得

有很多老板都在抱怨成本高、费用高、利润少，但是他们却并不重视控制成本费用，或者压根就没控制过。在没有建立利润增长系统之前，公司没有划分出责任中心，权责不清，成本、费用、收入、利润也都是糊涂账，因此在做财务核算的时候，无法分到每个部门、甚至每个人的头上去核算，财务部门只会出具一张全公司的损益表，当然也就只有总经理需要为利润负责。

于是，其他员工开始吃“大锅饭”，更多地考虑自己的利益，而不是公司的利益。如果账没有核算清楚，就没有办法考核某个员工花了多少钱、赚了多少钱，哪个部门花多花少、赚多赚少，根本不会影响他们的收入，所以这份“大锅饭”每个人都吃得十分心安理得。他们的想法是：“既然考核的时候只按收入算提成，那么我就干好一件事，把东西卖出去就行，至于这个东西成本是多少、利润是多少，公司不考核我，跟我拿多少钱也没关系，出差公司允许住五星级酒店，我就绝对不会住三星级酒店，能让我坐商务舱，我就一定不会坐经济舱。”

而且，许多企业经常采取“人人平等，统统有奖”的方式，有一部分原

因就在于公司不能清楚核算每个部门、每个人为公司创造了多少利润，所以无法有的放矢地激励考核员工。这种不合理的奖励机制刚开始或许会让大家都尝到甜头，但必然会逐渐失去激励作用，助长吃“大锅饭”的心态。

因此，我们需要建立利润中心，要独立核算每一个部门的收入、成本、费用与利润，个别计算盈亏，并以此进行考核，再根据利润中心的实际盈余来“论功行赏”，这样才可以增强员工“多劳多得、少劳少得、不劳不得”的进取意识，激发其创新能力与增值动力。

2. 内部交易传递压力，实现全员主动经营

内部交易就是将商品、服务或资源卖给下一道工序，上下工序之间通过内部转移定价达成交易。比如，采购部门将原材料卖给生产部门，生产部门将成品卖给销售部门，销售部门将产品卖给客户。

内部交易的本质是建立了一个虚拟市场，它符合市场经济的特点，也有竞争关系的存在。也就是说，当部门变成利润中心之后，上下工序之间的交易过程，就是传递压力的过程，即把原来全部由销售部门承担的压力传递到企业内部的各个部门。假如销售部门接到的订单价格比以前有所下降，价格的变化便会直接传递到内部市场，每个部门都要相应地控制成本、提供更有竞争力的内部转移定价，以此促成整个交易，否则每个利润中心的利润都会受到影响。

典型案例

南京某儿童游乐设备公司

建立利润增长系统之后，该公司的采购部门也变成了利润中心，为了获取更高的绩效，采购部门主动倒逼供应商降低采购价格，积极引入

> 有竞争力的新的供应商，在产品设计阶段就开始引入供应商配合研发，一起控制成本，其结果，每年的材料成本下降10%。所以三年的时间里，它的利润才能从140万元一路升到1500万元，利润翻了10倍。

售价减去成本就是利润（毛利润），只有在成本环节实施有效地自我控制才能获得更多的利润。所以在绩效的驱使下，每个利润中心都会对自身的经营状况倍加负责，努力节省各项开支，相互之间的沟通也会更加高效，解决问题的主动性大大提高。在这个过程中，员工的活力得到释放，潜力得到激发，逐渐培养出经营者意识，通过经营自己、经营部门来积累经营企业的能力。

3. 通过独立核算，老板把企业看清看透

随着企业的发展，新的商机出现了、新的产品上线了，复杂的情况也同时出现了，这会导致老板有时候很难全面把握住企业的经营情况，也就无法准确判定发展方向。

当出现以下几种情况时，建立利润增长系统就应该被提上日程了。

（1）销售向连锁化发展

连锁经营实现了企业规模的扩大与市场占有率的提升，但在不同国家、不同城市、不同地段，即便是同样的连锁品牌也未必都能一样盈利。有些店，顾客络绎不绝，在当地一家独大，有些店却门可罗雀，成为市场边缘的隐形人。为了保障企业的整体利益，连锁店的存废更张是频繁的，每个连锁店都是一个独立的利润中心，需要分别结算经营业绩，为它们提供优胜劣汰的依据。

（2）市场向区隔化发展

为了提高市场占有率，扩大产品线、开发相关性产品与服务也是常用的方法。比如，原来主打女装的生产企业，现在开始生产男装、童装、宠物服装等，原来只制造电视、冰箱、洗衣机等大家电的企业，现在开始生产高清机顶盒、榨汁机、电动升降挂衣架等相关小家电。这些性质相近的产品或服务应该扩充或紧缩、删减或合并的依据就是划分独立核算的业务单元，看到每个业务板块的收入、成本、费用和利润的情况，分别计算它们的盈亏。

（3）产品向其他领域发展

对于劳动密集型的传统工业企业而言，当在原有领域出现产品饱和、市场饱和时，就会“另辟蹊径”，开发其他领域，比如建筑公司拿出闲置资本投资金融业、电子企业将空余厂房出租、房地产企业涉足旅游行业。这时候公司内部会出现几个性质完全不同的产品部门，也有了分别计算各个部门经营绩效的必要，据此对经营管理决策提供帮助。

就这样，通过独立核算每一个小的利润中心，看清看透公司各个业务部门创造的利润之后，老板就能知道哪个部门赚钱、哪个部门不赚钱，哪个分店盈利、哪个分店亏损，哪个产品被市场需求、哪个产品被市场淘汰，就可以有针对性地控制成本、实现成本最小化、利润最大化，让企业在高收益中永续经营。

4. 全员做“老板”，人人对利润负责

我做了一番中国民营企业的深度调研，发现一个问题：现在中国民营企业为什么赚钱越来越困难？因为公司里面就一个人对利润负责——老板，但

做事的都是这些高管和员工，他们对利润根本不负责，不知道自己花了多少不必要的费用，如果业绩不好，那就是市场的原因、客户的原因、天气的原因、疫情的原因，总之没有他们自己的原因。

利润增长系统的内容之一便是利润分享。也就是说，想要全力转变员工这种“事不关己高高挂起”的思想，就要更深度地让员工与公司的利益绑在一起，让他的工资、奖金跟公司的利润直接挂钩。这样的话，公司就不只是老板对利润负责，部门的主管也对利润负责，每一个人都要对利润负责。举个例子，普通火车只能跑每小时80千米，动车可以跑每小时350千米，因为动车的驱动车厢比较多，而普通火车就只有火车头这一个驱动力，利润分享的激励作用会让每个普通车厢都变成驱动车厢。因为当这块业务单元的收入、成本、费用、利润全都归你管时，你就是这块业务的老板，还要带着团队一起干，更大限度地发挥员工积极性，继而为企业创造出更大价值，让普通列车升级为动车。

5. 便于报表公开

不敢公布报表，其实也是很多老板的痛点，因为有许多顾虑存在——竞争越来越激烈、同行越来越多、成本越来越高、税越来越多、查得越来越严。公开整个公司的账给团队有时就不那么方便，但如果可以独立核算业务单元的收支情况，那么公开这个业务单元的经营成果给负责人就变成了一个不错的解决方案。

其实中国的民营企业有个特点：但凡是那些早期发展时出了一点不大不小的事、被查过被责改的企业往往活得更长久，因为它一早就被人家敲了一下警钟，所以很重视安全合规的问题。

报表公开，还有一个额外好处，那就是可以向投资人传递信心，增加投资人对企业、对老板的信任。中国现在发展好的企业，尤其是新兴企业都有一个特点——最早期就引入了投资人。越早期引入投资人，这些企业发展到最后越有后劲。这是为什么？因为引入投资人的企业，所有的投资人都会提出这个要求：财务活动必须规范守法，你不规范守法，我就不投资。也就是说，不管企业是大还是小，只有把财务做规范守法了，未来才会有非常大的空间，因为别人可能会来投资，因为这个企业的老板是讲诚信、讲规矩、有敬畏心的。如果财务不规范守法，资本是不可能投资，没有一本真实的账的企业，对方凭什么相信你呢？

6. KPI驱动助力企业转型

中国的最顶尖两家企业华为公司和阿里公司为什么今天成长起来了？是因为关键绩效指标考核KPI。华为公司的分钱模式叫做1+1+1，华为公司的狼性就是从这里来的。第一个叫做工资，工资由岗位决定。公司针对每一个岗位都有一个宽频带的薪资区间，比如8000元到12000元，你工作再多年，如果你不升职，到岗位工资的上限了，就不会有加薪。第二个叫做绩效，绩效奖金的多少完全取决于绩效考核指标KPI的完成情况。第三个叫做虚拟股权分红，假如说今年董事会商定拿出40%的公司利润作为奖金包，具体到每个人能拿多少是由什么决定的呢？由员工的绩效表现决定，绩效表现又是由什么决定的？关键绩效指标KPI。可以说，华为公司是一家用关键绩效指标、KPI驱动的公司。

什么叫狼性？“深度的利益捆绑加足够的管理强度”。我们可以去给员工做股权激励、做利润分享，给他股权都可以，但是一定要加上关键绩效指标、KPI的考核，这就是足够的管理强度，这样才能激发员工更大的价值创造能力。

典型案例　YH公司的分钱账：洞察人性的“合伙人+赛马”机制

YH公司以前存在的问题：

① 提成也给了，答应员工的也都兑现了，销售就是没动力，员工干好干坏反正都有钱拿。

② 小股东不相信大股东财务数据，举报公司。

③ 老板不停地抱怨员工能力不行，却又无从下手。

④ 开店成本巨大，不知道如何控制费用。

⑤ 采购部指定供应商，更换为低价商品就抱怨产品质量差。为了解决这些问题，永辉生活采用了“合伙人+赛马”机制。永辉生活的“合伙人”机制：

之前的公司财务报表显示，人工成本占公司销售收入的12%，公司的利润率大概也是12%，所以可以采取“公司出钱、员工创业、工资保底、利润对半”的模式，也就是把公司的利润与员工工资捏在一起，然后把这24%的利润对半分配给大家，刚好还是12%，并没有增加人工成本。然而好处非常明显，成为老板合伙人的员工自信心大增，更加富有责任感，为了创造更多利润，晚上不关店门，下雨天也出去吆喝揽客。

其实合伙人模式就是一种利润分享的概念，相当于做了虚拟股权，甚至是股权激励。为了支持合伙人模式，利润增长系统就要发威了，财务部把利润核算从原本的门店细化到每个摊位，细化了管理颗粒度，卖日本料理的、卖酒的、卖高档水果的，都是独立核算的运营中心。举个例子，以前卖高档水果的损耗率是40%，现在必须降低损耗率才能拿到分配来的利润，员工就会更加细心地对待这些水果，轻拿轻放，逐个打包。而且水果摊位还会承担压力，如果其他摊位的利润率都是30%、

40%，而他只有10%，老板会撤掉这个摊位，负责摊位的员工也会被辞退。这是很残酷的内部竞争。光有分钱的机制还是不够的，这个时候还要增加管理的强度，导入“赛马”机制。

YH公司的“赛马”机制：

赛马的机制好处是可以时刻保持员工的饥饿感，赛马机制的核心是优胜劣汰，绩效考核。老板要想打造一个狼性团队，一定要去推271，即20%是优秀员工，70%是常规员工，10%是最末位的员工。作为老板，一定要抓住20%和10%，20%的人要区别于70%的人，让大家看到，做得好就能拿得多，多劳多得，同时淘汰掉10%的人，否则会给公司造成企业文化的衰退。

第三节　利润增长系统建立的九大步骤

1. 确认责任中心，划分独立核算的业务单元

责任制经营，即把经营责任和权力授权给各个组织，使它们成为责任中心。

根据职责范围、权限大小、管控模式和战略意图，内部单位的责任中心可分为五个：利润中心、收入中心、费用中心、成本中心、投资中心。

利润中心的特征：投入和产出之间存在联系，能够量化投入产出，投入与产出相配比，考核的是利润。

收入中心的特征：投入和产出之间没有联系，能够量化投入产出，产出

不需要配比收入，分开考核收入与费用。

费用中心的特征：投入和产出之间没有最优联系，能够量化投入、不能量化产出，以公司政策导向决定费用。

成本中心的特征：投入和产出之间有最优联系，能够量化投入、物理量化产出，单位产出有最优投入量，考核的是费用和效率。

投资中心的特征：投入和产出之间是资本和利润的联系，具有一切利润中心的特征，拥有资金权、投资权，考核的是投资回报。

典型案例

南京某儿童游乐设备公司责任中心确定

	利润（成本）中心	费用中心	
	经营部门	支持部门	管理部门
工厂	销售部 电子商务部 气模车间 气密车间 电子车间 木工车间 缝纫车间 喷绘车间 铁件车间 滚塑车间	工程维修部 采购部 质检部 工程物流部 能源成本归集中心 厂房租金／折旧 生产部 技术部 综合部	董事长／总经理办公室 行政部 咨讯部 人力资源部 财务部 设计部 售后服务部 创新发展部

需要注意的是，要充分考虑公司财务人员水平的有限性，不要一上来就把所有部门都变成利润中心。而是应该先把最重要的、最消耗资源的销售、生产部门变成利润中心。

2. 确认标准的费用科目

有些公司在建立利润增长系统之后，是由业务团队的负责人去计算这个部门创造的利润，结果实行了一个月之后，发现所有的高管自己算出来的利润加在一起，远大于财务给老板算出来的整个公司的利润。要是按照他们算的利润来分钱，老板还得倒贴钱。换句话说，公司里面必须要有一个能算出利润表的权威机构，那一定是财务部门。

但是我们会发现很多公司财务部门都没有标准的费用科目，应该由他们负责的费用都没有详细地核算到。为了发挥利润中心的激励机制，我们必须严格统一、规范内部结算价格制订的流程，给出标准的费用科目，这也是考核和评价各个利润中心工作业绩的关键。

在生产经营过程中，企业难免会出现名目繁多的费用，一般包括：销售成本（经营成本）、员工薪酬、折旧费、无形资产摊销等。我们需要将费用界定为日常活动所形成的，这样可以把它与损失加以区分。换言之，作为所有者权益的抵减项目，经济利益的流出不应被确认为费用。

具体来说，企业常见费用科目一般有以下这些：

（1）用于企业管理的费用

公司经费（员工薪酬、水电费、租赁费、物料消耗、修理费、低值易耗品摊销、排污费、绿化费、广告费、通信费、研究与开发费、应酬费、运杂费、保险费和差旅费等）；劳动保险费（退休金、医药费、异地安家费、职工死亡丧葬补助费、抚恤费等）；职工教育经费；工会经费；待业保险费；财务费用（手续费、汇兑损益）。

（2）用于企业直接管理之外的费用

董事会费（成员津贴、差旅费、会议费等）；咨询费（支付企业经济顾问、法律顾问、技术顾问的费用）；聘请中介机构费（聘请会计师事务所进行查账、验资、资产评估、清账等发生的费用）；税金（房产税、车船使用税、土地使用税、印花税等）；无形资产摊销（包括专利权、商标权、著作权、土地使用权、非专利技术和商誉等的摊销）；诉讼费；技术转让费。

上述费用科目的分类只是大致举例，不同企业应该根据经营模式等特点采取分类编制，要量体裁衣，以实现费用使用效率的最大化。

3. 编制全年收入、费用、人员预算

确认了标准的费用科目之后，就要开始编制全年的收入费用与人员费用预算，建立“先算后花，先算后干”的原则制度，否则没有标准的估价，就无法在年终时进行数据对比。

比如，生产经营主管需要做一个生产经营计划，然后由下面的员工执行，由他对执行情况、执行进度进行管控。这么做的目的是减少各种费用的支出，减少成本的浪费。对生产制造型企业来说，成本的掌管是重点工作。比如，从原材料上看，要计划一下废品的报废率有多少，如果把废品的报废率再做一个压缩的话，那么这中间的成本是能够减少的。

这里有两点需要注意：

① 不管是哪种费用科目，编制的基本方向都大致相同，或是参照过去历史数据，或是重新编制。

② 在编制费用预算的下降（或上升）指标时，不要只做绝对额的下降（或上升），而应该做费用率的下降（或上升），这样才能更好地达到预算要求，与实际情况尽可能地符合。

4. 核算生产工单标准成本、实际成本

一般来说，利润涵盖两种形式，一种是报价利润，一种是交付利润。报价利润是由销售部门产生的，报价利润等于报价减标准成本。交付利润是由生产部门产生的，交付利润等于标准成本减实际成本。这里面的标准成本就是我们的内部转移定价，生产部给销售部的内部报价。

也就是说，生产部门用标准成本生产出产品之后，在这个基础上通过对外销售获得的利润都是销售部门创造的，报价越高，利润越大；如果生产部门能够控制好实际成本，就可以相应地提高交付利润，实际成本越是小于标准成本，交付利润就越高。

内部转移定价的常用四大方法有：成本推算法、利润预算法、面议法、市场参照法。

成本推算法：用每道工序的成本加上预期利润，推算内部定价。

利润预算法：在科学的市场调查与预测基础上，做出科学预算，确定利润多少，再根据各个利润中心的需要来自行定价。

面议法：各个利润中心本着公平自愿原则进行协商，考虑企业的整体利益和供需双方的利益，最终达成一个介于市场价格和成本价格之间的价格。

市场参照法：以市场上的产品或服务价格作为内部价格参考，价格随市场需求的变化而变化，尽量等于或小于平均市场价格。

但从我为企业导入利润增长系统的咨询经验来看，使用标准成本作为内部转移定价是更加合理的选择。

5. 收集BOM表、工时记录、生产工单成本数据

想要准确地掌握成本，我们可以通过每一个生产环节的工单去收集数据，

加以参考。如果是项目制的公司，就用项目去收集数据，以此得出标准评价。

（1）BOM表（标准的物料清单）

BOM（Bill of Materials），在生产制造型企业中，物料清单是核心文件，它表明的是产品的总装件、分装件、组件、部件、零件、原材料之间的结构关系与所需原材料的数量。通常会用单层法、缩进法、模块法、暂停法、矩阵法与成本法等来描述物料清单。在安排仓库的发料、车间的生产和待采购件的种类和数量时，物料清单和主生产计划是必不可少的。财务部门在确定最终产品的成本时需要将BOM中每个自制件或外购件的成本包含在内。

（2）工时记录

工时记录是企业记录、统计和说明员工在项目及非项目上的各项时间消耗，设定效率指标来评定生产力。对员工来说，工时记录可以正确详实地记录员工上班加班的时间，可以呈现出最真实的效率分析。对财务部门来说，工时记录可以表明项目上所有人员的投入时间，再配合着每个人的人工单位成本，就能算出生产这批产品、或实施整个项目的人工成本。

（3）生产工单

工单是由一个和多个流程组成的生产计划，是上级部门下达任务、下级部门领受任务的依据。通常由表头和一个或者多个作业行组成。表头信息包括：组织；工单代码及描述；问题；设备种类；工作种类；持续时间；位置；状态。作业行包括信息：作业代码；工种；任务；物料表；预计工时；开始日期；持续时间；雇佣人工；原因：此作业被创建的原因；已完成工作；技术故障；制造商；作业备注。工单被用来归集材料成本、人工成本以及制造费用。

6. 完成工序主数据设定，计算标准工价与标准费率

每一道工序都应该有一个标准的工价与费率。

① 输入成本中心费用明细预算金额；

② 设定成本中心费用明细计算费率的工时标准；

③ 输入产品（成本对象）产量预算；

④ 计算标准工价与标准费率。具体计算公式如下：

成本中心预算工时＝产品产量预算×∑成本中心下各产品工艺路线所选择工时标准

汇总＝产品产量预算×∑产品单位标准工时

产品单位标准费用＝产品标准费率×产品标准工时

人工分配率＝生产工人工资总额÷各产品实用人工工时之和机器费率＝机器费用总额÷各产品实用机器工时之和

制造费用分配率＝制造费用总额÷各产品实用（定额、机器）工时之和

7. 支持部门的费用分摊

下面需要将这些费用分摊到各个部门。这个过程实际上是一个减少公司内部矛盾的博弈过程。对于那些能够分清部门的费用，分摊原则是“谁受益，谁承担”，比如水电费按实际耗用量分摊；对于哪些不能分清部门的费用，要根据实际情况选择比较合理的分摊方法，比如依据部门的占地面积大小、人员配制的多少，业绩和费用的多少等因素计算费用分摊权重，没有绝对完美的分摊标准，但分摊标准需要各个业务部门同意。

举个例子，一家制造型企业有厂房，有厂房就有折旧，公司有折旧费用1000万元，划分完利润中心之后，公司有两个产品线，每一个产品线都有一

个利润中心，现在单独核算这两个产品生产线的利润，一起分摊1000万的厂房折旧费。如果均分，一人一半的话，看似公平，实则有失公平。所以A生产线要求按照销售额来分摊，A生产线的销售额是300万元，B生产线的销售额是700万元，那么分摊的折旧就是A分300万元、B分700万元。这时候，B 生产线的主管提出反对意见，凭什么我卖的多就要分摊的多？他建议按照面积分摊，A生产线占地面积700平方米，B地产线占地面积300平方米，那么分摊的折旧就是A分700万元、B分300万元。有趣的现象出现了，不同的分配方法会得到截然相反的结果，矛盾也不可避免地出现了。

到底是按照销售额分摊还是按照面积分摊？哪种方法更合理呢？答案是按照面积，这叫做作业成本法，就是根据成本发生的原因去分摊成本。占地面积的折旧就应该按面积分摊，占地面积大的生产线分摊的厂房折旧就多。只有在不需要厂房的情况下，才会免去分摊折旧费用，但这对生产线来说是不可能的，厂房是生产的场所，折旧是必然产生的费用。如果现在公司还有第三块业务，做的进出口贸易，那么它就不需要厂房，不用分摊折旧费用。

再举个例子，如果现在需要折旧的是实验室的机器，也可以按照作业成本法来确定分摊方案。在购买机器的时候，就清楚地分出来这个机器是为哪个产品线买的，如果是多个产品线共享的机器，那么就去看每个产品线使用这个机器的工时。

8. 核算及分析标准成本、实际成本差异

定价中的间接费用、直接材料和直接人工等都是按预计的数字来计算，这个数字代表的是在正常和高效率的运转情况下制造产品的成本，而不是指实际发生的成本。标准成本和实际成本之间的差异就是差额，实际成本超过标准成本，会出现超支差或亏损差额，反之会出现节约差或盈余差额。

现在要做的便是核算标准成本与实际成本之间的差异。以制造成本的差异分析为例，直接材料差异可以分为采购价格差异和用量差异；采购价格差异可以分为采购订单差异、计划差异、实际结算差异等；用料差异可以分为实际产量的用量和计划用量的差异；直接人工与制造费用的差异可以分为实际费用、标准费用的差异和工作效率的差异。

9. 核算各利润中心创造的利润，并出具利润广告牌

通过差异分析结果，显示出每个利润中心是有利润、还是有亏损，出具利润广告牌（也叫作老板驾驶舱），进而剖析原因和责任，对其工作业绩进行考核和评价，同时对于超支的成本费用采取改善措施，将亏损的利润中心作为重点分析对象去关注，从而达成全年业绩目标。

利润考核一般以季度、半年度和年度为周期，切忌过于频繁，以免投入太多的人力物力，妨碍企业长期目标的达成。

我们以目标的达成状况为评估对象，通过这些差异分析利润广告牌，对费用进行审视和控制，实际上是一种管理的思考方法，而不是一个单纯的公式计算。

另外，如果公司是商贸型企业，既不是生产制造型企业，也不是项目制的公司，业务内容是买进来、再卖出去，就可以把建立利润增长系统九步法中的第四、五、六步省略，直接用一、二、三、七、八、九步骤就可以了。

第四节　利益靠分配，利润靠算计

企业利益分配有4种模式：

① 固定薪酬：一般指底薪、全勤奖、出差补助、饭补、车补等

② 绩效薪酬：提成、绩效奖金、关键绩效指标（KPI）考核

③ 激励薪酬：小组利润中心超额利润分享、部门利润中心超额利润分享、公司利润中心超额利润分享

④ 股权薪酬：分红股激励、注册股激励、分红股转注册股激励、公司在职股权激励、在职转注册股股权激励、注册股+期股股权激励

激励方式的递进选择取决于企业发展的阶段，与已经采用的薪酬模式有关。在做企业财务顾问的过程中，经常会发现越级激励的情形，也就是固定薪酬、提成，然后直接就跳到注册股股权激励，这种做法对于后续的员工激励是不利的，也就是牌都打完了，还要拿什么去激励员工。这里还是建议采用循序渐进的方式，管人就要管好利益的分配。

当下，中国企业盈利模式正在发生剧变，老板要从业绩思维转型为利润思维。为什么呢？5年前、10年前、20年前，老板只需要关注业绩就可以，只要销售收入在增长，企业一定是赚钱的；但是最近几年，随着国际、国内经济形势的变化，越来越多的企业即使业绩还在增长，但发现赚钱越来越难，更不用说那些业绩已经在萎缩的企业了，这是中国的经济周期决定的，中国的经济慢慢也会进入成熟期、平台期等阶段。经营企业、盈利对于每一个企业家来说都是越来越有挑战的一项任务。利润来自于创新、来自于精细化管理，利润是设计出来的。今天我们讨论各式各样的盈利模式，但归根结底，持续的盈利一定

要靠管理，不会有任何一家不会管理的企业可以持续盈利。而提升企业管理水平，一项基础工程就是提升企业的财务能力，这个财务能力有三个方面：① 老板要有财务思维，懂财务、重视财务的价值，因为财务背后是利润、现金流、数据化管理。② 高管也要有财务思维，这样高管们才能同情、同理老板的想法，站在老板的高度思考企业的盈利问题。③ 财务团队更要有专业的财务能力，把老板的想法落地。财务强、企业必然强！

【落地工具1】责任中心划分表

序号	部门名称	责任中心类别（收入中心、成本中心、费用中心、利润中心）	核算方式改进方案	目标完成日期
1				
2				
3				
4				
5				
6				
7				
8				
9				
10				
11				
12				

【落地工具2】部门费用分摊设定表

年　　月　　日

部门 / 金额或比率 / 费用项目	服务部门						生产部门					设定说明	备注

思考空间

一、把本公司各个部门划分成相应责任中心。

二、针对利润中心的核算难点，提出合理解决方案。

三、根据实际情况，列举出每个部门常用的费用科目。

四、计算标准成本，并分析标准成本与实际成本的差异，给出分析报告。

五、除了控制成本与费用、节税，为了让企业实现利润最大化，你还有什么更好的想法?

第九章

打造一只财务铁军——组织建设系统

左老师的点拨箴言

1. 企业管理的核心就是财务管理；财务强则企业强；企业强则国家强。
2. 一个合格老板一定是财务高手，一个好总经理一定是财务专家，一个赚钱的企业高管一定是具备财务思维！
3. 财务是老板最信任的业务伙伴。
4. 一个企业完成业绩的过程就是：员工拼命为自己努力学到知识的过程！

第一节　如何培养优秀的财务人员

1. 企业财务人员的五种类型

组织建设系统主要包含人员招聘、能力培养以及绩效考核三个方面。对于企业而言，优秀的财务人员是发展的助推器。那么，如何培养优秀的财务人员呢？首先要了解企业财务的五种类型，即皇亲国戚型、空降兵型、老弱病残型、潜力成长型以及有心无力型。

（1）皇亲国戚型

有些老板组建财务部时喜欢用自己人，即自家亲戚，这类财务人员就是皇亲国戚，最大的优点就是可靠。因为是自己人，不担心被“出卖”，但是最大的缺点就是能力不行。如果公司是这类财务，一定要想办法培养，提升财务人员的业务水平。亲戚归亲戚，信任归信任，水平一定要到位，否则要招更有水平的财务才行。记住一句话：“态度不等于能力。”，能力不达标的财务一定是老板的心腹大患。

（2）空降兵型

空降兵型财务人员最大的优点就是财务人员能力强，他们能独当一面，财务水平高，但是忠诚度低，和老板缺少默契。财务人员和老板之间的化学反应要价值观一致，拥有共同的目标和愿景。

（3）老弱病残型

相当一部分企业的财务人员是这种类型，虽然各方面的态度可以，也有一定的财务水平，但是他们不喜欢改变。如果公司这类财务人员多了，就会成为组织发展最大的障碍。这类财务人员必须作出改变，不换软件只能换硬件。

（4）潜力成长型

还有一类财务人员是潜力成长型，主要特点是悟性高，灵性强，对老板和企业的忠诚度也好，有一定的逻辑思维，是企业重点培养的对象。这类财务人员最好是企业自己培养。事实上每一家发展成熟的企业，都有公司自己培养出来的精英，正是这些精英积淀了企业的文化。

（5）有心无力型

最后一类财务人员是有心无力型，他想要做好，但就是做不好。这是业务水平的体现。对于这类财务人员培训、管理、淘汰，也就是选用育留的管理。

2. 民企财务团队的五级段位

企业管理的核心是财务管理，财务强财企业强。通常民营企业的财务团队有五个阶段，不同阶段的财务所创造的价值不同。

（1）婴儿级：以记账为主

公司没有专门的财务团队，会将会计工作外包给代理记账公司，而公司内部的会计则以记流水账为主。

（2）儿童级：以税务为主

财务的存在主要是为了应对税务稽查，所以制作的报表主要提供给政府部门，拥有一定的分析能力。但是对内报表却没人看，也看不懂，数据也不准确。

（3）少年级：以流程为主

公司会建立完善的财务流程，建立内部控制体系，为企业提供收入、成本、费用等多维度的分析，同时做出相对准确的资金预测。

（4）青年级：以绩效管理为主

公司的财务能协助老板搭建企业关键绩效指标（KPI）考核体系，能准备与经营相关的数据，通过全面预算管理、成本分析与控制，为老板的决策提供有力的支持。

（5）成年级：以整合内部资源为主

当财务拥有了管理、经营、决策的能力，那么就成为老板的最得力的助手，协助老板整合公司内部和外部的资源，驱动公司转型，让企业拥有更好的发展未来。

3. 财务人员的能力框架

任何一家企业，财务人员都应具备履行职责的能力。那么，一名合格的财务人员应当具备哪些能力呢？

（1）资源整合能力

财务人员首先要懂法、知法、守法，尤其是国家关于会计方面的法律规定、准则。财务人员要拥有整合资源的能力，推动公司规章、制度、流程走出财务部。

（2）“灭火”能力

税务局来查账时，财务人员要出面接待。财务人员平时要按国家税法规范会计行为。税务人员查账时才能襟怀坦荡，实事求是。财务人员使公司避免各种风险，帮助公司渡过难关。

（3）“圈钱”能力

财务人员要对内高度重视并不断提高资金的使用效率；对外，和银行、投资人保持良好关系，做好外部融资的准备。

（4）投资能力

财务人员不仅要会融资，更要会投资。帮助老板做好财富规划，让钱生钱。

（5）公司主营业务能力

财务人员不仅要精通账务业务，还要懂公司主营业务，要走进业务、引领业务，与业务共舞。

（6）“铁公鸡”能力

凡是涉及钱的问题，财务人员要慎之又慎。不该花的钱1分钱也不能花，当然该花的钱再多也要花。

（7）精算能力

财务人员是数据的搬运工，哪里挣钱、哪里亏钱、哪个客户有价值、哪个产品利润率高，都要算得清清楚楚、明明白白。

（8）“裁判员”能力

公司哪个部门表现得好，哪个部门表现得不好，用数据说话。

（9）熟练操作电脑能力

财务人员必须能熟练使用计算机。大部分数据和表格都是用计算机来完成的。同样的事情，精通计算机的人可能半小时就完成了，如果不精通需要两三天，那会大大影响到公司决策的效率。

（10）读心者

财务人员要读懂老板的心，老板在想啥，需要些啥，财务人员应当是先知者。财务人员要与老板建立默契。

4. 面试财务经理时要提出的10个问题

问题一：送礼送卡的支出，没法入账，如何处理？这是公司财务最常遇到的问题，送礼送卡所产生的费用入账，是一个巨大的考验。

问题二：员工不愿意缴纳社保，有啥解决方案？比如在杭州月薪10000元，是按10000元交社保，还是按照3000元的基本工资交社保？

问题三：公司盈利了，老板分红想节税，怎么办？财务人员要有帮助老板节税的能力。所以这是对财务人员能力的重大考验。

问题四：大额公转私，如何做到合法合规？

问题五：公司如果财务不规范，如何实现两账合一？公司只能有一套账目，在严监管的大环境下，两账合一是民营企业财务的核心能力之一。

问题六：绩效奖金、佣金、渠道费太高，如何筹划？

问题七：公司准备注销，账面有600万元存货，财务人员如何处置？

问题八：如何精准核算公司每个产品或者项目的成本以及所创造的利润？

问题九：公司差旅费、业务招待费居高不下，如何控制？

问题十：公司想做内部创业，每个部门独立核算营收，如何操作？以生产部与销售部之间交易举例。

第二节　高绩效财务团队的五大职能

1. 财务的管理职能

一个高绩效的财务团队拥有五大职能，分别是财务管理职能、财务与会计管理、公司绩效管理、公司财务管理、公司全面风险管理职能。也就是说一个好的财务团队在工作中要具备这五大职能。

财务管理职能首先是战略财务，必须站在战略的角度协助老板制定公司战略，以及制定财务部的战略。战略财务，首先要把公司的财务团队建立起来，尤其分公司比较多的企业，必须要有统一的集团管理模式。在公司要拓展业务时，集团化管理就尤为重要了。

通常来讲，公司的财务战略是公司谋求资金平衡的一种方法，与公司的整体发展趋势有着直接的关系，能帮助公司低成本获得更多的现金流，保证公司在行业内的竞争力，同时也是一种全方位的、长期的、具有可执行性的战略思维。

这就要求财务人员具有一定的财务思维水平，体现在以下几个方面：

（1）强化资金管理，有效提高资金运转率

公司的资金运转主要在于融资，所以需要结合企业的财务战略需求，以及合理预期的投资方式，对公司接下来的融资规模、渠道、方式以及时机和内容进行规划，制定具有建设性的融资方案。同时要对公司的资本结构（主要是资产负债率）进行优化，最大化降低财务风险，保证企业拥有足够的运转资金。

（2）加强基础工作，合理控制分配标准

需要进一步加强基础工作，尤其是企业的股利分配原则，一定要有更合理的分配标准，体现股东所占利润的百分比、绝对股利变动趋势的稳定性、公司股票所产生的股利分配以及公司发行股票的回购等。这里所需要的是战略性的眼光，而不能仅看到短期的利益。提供稳定的或持续增长的股权分配政策尤为重要。所以财务人员要帮老板进行顶层架构的股权设计，协助老板完成公司的组织模式的变革，从而促使公司完成转型。

（3）加强预算管理，控制企业成本费用

很多公司的收入很高，成本也很高，所以利润就非常低。加强预算管理、控制企业成本费用是财务人员的主要职能之一。预算管理最主要的是目标管理，制定合理的目标，通过更精细的分配，将钱花在赢利更高的项目上。投入合理成本，不断优化公司预算和部门预算，帮助企业获得更高的利润率。

（4）提升企业内控，有效控制投资风险

投资是企业财务战略的基础，因为投资直接能体现出企业的发展战略，如固定资产投资、流动资产的投资以及无形资产的投资，都能体现出企业的发展方式。比如有的企业注重项目投资，但是有的企业却重视产业投资，还有的企业主要是证券投资，不同的投资方式带来不同的管理方式。但是有一个共同点就是所有企业投资都是以收益为主，以发展为主以及以公益为主。收益是企业发展生存的根本，也是众多企业投资的核心目标，而以发展为主的投资则主要是看中企业的未来发展，实际持续性提升。至于以公益为主的投资则是大多数企业不愿意进行的一种投资，但是这种投资一旦成功，所带来的效益将是最庞大的。无论是哪种性质的投资，财务人员必须把控投资风险。在企业不同的发展阶段所需要的投资方式和投资策略是不同的，所以在提升企业内控管理水平的同时，加强风险把控也是财务人员的重要职责。

2. 财务和会计管理职能

对于集团性公司，通常财务人员集中在总部，所以需要有标准的业务流程。财务流程和业务流程要统一、标准化，才能进行集中化管理，否则很多业务就会存在风险。现在有一个流行的概念叫财务共享中心，不需要每个公司都建立财务部，而是在总部对财务进行集中管理。因而需要业务流程和财务流程标准化，这样才能有管理效果。这就是公司的财务与会计管理。

通常公司的财务与会计管理主要分为总账与报告、固定资产管理、采购付款、差旅费用报销、订单与现金管理、存货成本管理、工资结算，以及ERP软件系统的维护。这是财务人员的基础工作，包含了整个财务团队的岗位分工，是财务团队的标准组织架构。

（1）总账与报告

公司在处理财务活动时，必须制定会计记账录入审核批准制度，一定要有这个流程。因为很多企业，尤其是拥有几十家分公司的企业，每家分公司的财务都不相同，公司的记账分类设置以及报告的准确性和真实性又与会计的水平有关，自然导致记账方式和结果不同，这样公司的账目就很难统一起来。所以必须规定每个公司的具体记账方式，并建立标准化的记账流程，从而确保每个公司所提交的报表都是完整的和准确的。

（2）固定资产管理

很多公司的财务并不注重固定资产的管理，并不是没有做，而是直接忽略了，因为固定资产只有在用到的时候才会处理，不用的时候自然不会理会。但是对于重资产企业，尤其是制造型企业，固定资产的管理非常重要。因为如果财务不把公司的固定资产管理起来，固定资产可能会出现流失当然折旧算不清楚也会影响企业的成本核算的准确性。管理固定资产最好的办法就是建立标准的制度和流程，将对应的资产落实到部门，再由部门落实到个人。具体包含：

第一，确认标准。财务都是以税法上的价值来做标准的，可是内部管理却有两个不同的方面，即固定资产的自身价值和使用时间。比如公司新购入的电脑价值4000元，使用寿命是五年，那么它就会被定性为公司的固定资产，需要进行统计管理。所以财务在固定资产盘点时，必须建立统一的确认标准，通过标准厘清公司应有的固定资产。

第二，固定资产的使用流程。① 固定资产的申购，通常是谁需要谁进行申购；② 由采购部门去采购，必须要有一个三方的价格比；③ 采购完之后，要入库管理，由使用部门进行验收，必须要有入库单，作为财务的记账记录；④ 由行政部或采购部对固定资产进行编号，建立对应的卡号与台账；⑤ 是固定资产的维修，如果是日常修理直接当作损益，但是大修就必须进行单独的核算，后续的支出要记录在相应的账面上，也就是提升固定资产的价值。

第三，建立标准的盘点流程。公司的固定资产要有专门的盘点流程与调用流程，比如每年安排专门的盘点小组，形成盘点报告，并进行财务分析和账务处理，以此决定是转移还是调用，形成更好的管理。

第四，减值与折旧流程。固定资产会随着使用年限价值发生一定的变化，通常是减值与折旧，所以要有标准的折旧流程，比如考虑使用寿命，进行重新估值。

第五，合理设置固定资产的价值。固定资产的价值应该根据会计制度来核算，必须建立明确的账目。在结账前，必须与公司的总账进行核对，确定完全一致。

第六，处置流程。固定资产的处置流程主要是要建立变卖、闲置和报废流程。比如变卖流程，必须由总经理审批，再经资产管理部门和账务部门处理账务，然后注销对应的明细账目和卡片，如此才能变卖。如果三个月没有使用，那就是闲置的固定资产，需要进行封存管理，由使用部门填写库存单，由财务部门备案即可。至于报废，需要有报废申请单，还要由专门检测机构开具报废单，对于达到报废标准的，进行最后的核销。

（3）采购与付款

尽管很多公司有专门的采购部门，最终的付款却是财务部门完成的，采购完成后也要由财务部门进行账面统计，所以公司要有标准的采购与付款流程。

采购具体包括：请购，由使用部门发起采购申请；然后由采购部门进行采购；接着由验收部门核实商品的质量和数量；随后由仓库人员进行入库处理，建立入库单；最后会计人员要根据请购单、采购订单与合同以及验收部门的验收单和入库单进行财务处理。

至于付款流程主要包含出纳的付款流程和会计的核算流程。出纳付款需要有供应商提供的发票、采购订单和验收入库单，根据记账凭证汇总之后，在规定的时间内打款。会计在核算时需要有合理的结算方式，避免公司因为采购而形成不必要的负债，同时根据出纳提供的记账依据进行报备，另外还要定期核对应付账款和供应商发票。

（4）差旅等费用报销

财务要制定差旅等费用报销的流程，主要包括费用报销制度、标准与审核权限三个方面。因为很多企业虽然有差旅费用的报销，但是没有费用报销的标准和依据，导致费用报销的管理非常混乱。如招待费用标准、乘坐交通工具费用标准、食宿费用标准等，能报多少比例，需要提供什么票据等。所以，一定要有明确的规定。

（5）订单与现金管理

订单是公司最重要的数据，与公司的客户、整体运营以及财务统计有着直接的关联，所以公司必须建立标准的订单管理流程，主要包含两个方面的内容，一是能在订单流程中操作相应的场景，二是满足公司不同部门的相关需求，比如财务部的统计、采购部的交易以及运营部的经营分析等。

公司的现金管理主要是为了方便资金周转，具体分为出纳现金管理标准、现金营业款管理标准、现金进货管理标准、大业务销货现金管理标准，以及现金借支管理标准几个方面。此外还要建立相应的制度，通常有钱分账管理制度、现金开支审批制度、日清月结制度、现金清查制度和现金保管制度。

（6）存货成本管理

所谓存货成本是指存货在订购与入库过程中所产生的各种费用，主要包含购买成本、订货成本、存储成本和缺货成本几个方面。

购买成本：购买货物时所花费的直接费用；

订货成本：订购货物时所产生的费用，包括采购费用、订货文件费用以及邮寄费等；

存储成本：货物在入库时所产生的费用，比如仓库的折旧费、保险费以及占用资金所产生的利息等。

缺货成本：存货不足以满足公司生产经营时所造成的损失，比如因为存货不足导致停工停产。通常存货量越大，缺货的可能性就越小。

所以公司要加强存货管理，以降低存货的成本，通常有以下几个方面进行：

第一，加强采购管理。避免高价购买和过度采购。

第二，加强存储管理。将商品进行分类，有针对性管理，有效降低库存成本。优化存货管理措施，在存货与生产运营间找到平衡点，即用最少的存货满足生产和销售的需求。平衡存货与生产投放的数量与时间，寻求最低存货成本。

第三，加强物流管理。主要是充分利用企业内部物流资源、第三方物流资源以及物流外包三个方面的管理，选择最合适的物流方式，寻求更低的运输成本。

第四，建立内控管理制度。充分保证生产经营有序高效进行。

（7）工资结算管理

财务建立明确的工资结算管理制度，主要包含工资的发放标准、工资核算标准、考勤扣减标准等几个方面。

（8）ERP软件系统维护

ERP软件主要维护客户、供应商、材料以及成本中的主要数据，是整合公司财务管理的IT系统，对于一些主要的核心数据，在ERP系统内进行维护。

3. 公司绩效管理

公司层面绩效管理是财务部的重点工作，主要协助老板提升公司的的绩效水平。公司层面绩效管理通常包含目标设定、考核标准、结果评估等方面，通常一定的奖励措施会形成良好的循环。绩效管理能让企业和员工做正确的事情，能大力推动企业的整体发展，是对公司管理、员工以及公司战略和管理方式的检验。

当然绩效管理的目的不是为了奖罚，而是为了更好地激励员工，通过绩效评估找出企业运营的根本问题，从而提高管理者的决策能力和组织能力，有利于组织执行力的提升和员工业务能力的提升。

绩效管理有四个方面的内容：

（1）制定企业战略，使股东价值最大化

企业的战略是否能执行下来，绩效管理的水平是决定性因素。通过绩效管理，部门主管与员工的执行力会大大提升，从而完成企业的既定目标，使股东的利益最大化。

（2）设定经营目标

协助老板、高管制定合理的经营目标。

（3）计划、资源分配与预测

制定了经营目标后，要形成完整的执行计划，即经营目标如何实现，然后根据经营目标进行资源分配，将目标落到每个部门、每个员工，通过部门与员工的完成情况预测企业整体目标完成情况，再据此进行改进。

（4）业绩报告与分析

财务部提供经营分析报告，按时召开经营分析会，将部门和个人的业绩完成情况进行汇总，报告。

4. 公司财务管理

公司财务管理包含以下五个方面：

（1）内部控制

内部控制要求管理专业化，是企业为了提高经营效率所采用的一种管理手段，通常是在企业内部实施多种制约、有效控制职能的方式、程序与措施。企业内部控制有没有做到位其关键在于制度与流程是否规范。如果没有制度，就没有标准，需要建立全方位的控制体系，形成规范的管理制度。

通常企业内部控制包含了企业决策、执行以及监管，具有全部门、全员性的控制效果，可以说企业的每一个部门都受此约束。为了避免运营风险，对于高风险业务或重要业务会采用更为严格的控制手段。所以在机构设置、权责分配以及业务流程上形成相互制约，通过相互监督的手段丰富企业的管理形式，以促进企业实现战略目标。

具体来说有以下几个方面：

内部环境：内部控制的基础，主要包括组织设置、企业文化建设、权责任务分配、财部审计原则、人力资源管理等。

风险评估：企业战略与经营目标的实现会受到多种因素的影响，因而在执行过程需要及时进行评估，拿出相应的应对策略。风险评估是内部控制的重要内容，主要包含目标设定与分配、风险识别与分析、风险应对措施三个方面。

控制措施：控制措施是针对风险评估的结果，在企业内部所采用的手段和方法，以保证企业目标的实现，是内部控制的具体方式，主要包括职责控制、预算控制、审核批准控制、会计系统控制以及绩效考核控制等内容。

信息沟通：企业实施内部控制的重要条件主要是将与企业经营相关的信息及时、有效地在企业内部传递，主要包括信息的收集、企业内部与外部制度等。

监督检查：内部控制的建设是否落到实处需要及时地监督检查，对监督检查情况要形成书面报告，这是内部控制实施的重要保障。具体包括建立内部监督检查制度，及时形成相应的检查报告，并进行针对性地改变。

（2）处理投资者关系

企业要建立有效的投资者关系管理制度，明确投资者关系管理的相关职责。每一项职责都要落实到个人，因而要设置投资者管理岗，专门处理与投资者之间的关系。在处理方式上，要不断创新，并拓宽与投资者沟通的渠道，建立良好的投资者关系管理制度。就企业发展战略、管理系统以及经营业绩方面进行准确的沟通，从而让股东的价值最大化，充分保护投资者的利益。

（3）投融资与现金管理

通过投融资企业能快速壮大实务，获得更大的收益。在企业财务管理中，投融资包含对内融资和对外融资两种方式，对内融资主要是在公司内部融资，对外融资则分为银行贷款、发行股票和企业债券等方式筹集资金。投融资从本质上来说是一种现金管理的手段。

融资与投资相辅相成。融资的目的是为了获得现金流，最终用于企业投资，无论是短期项目还是长期项目，都要与融资相匹配。

不仅要投入，还要有产出。公司在投资多个项目时，资金的压力会非常大，虽然融资能解决一些问题，更重要的是投入之后的产出。

平衡利润与市场，保证现金流不中断。无论是追求市场还是利润，现金流不断裂是最根本的保障，所以要寻找到平衡点，选择最合适的投资策略。现金要统一管理。投资也好，融资也好，一定要有完善的计划，符合企业的发展战略，最好是按年、季度或月来分解，让策略落到实处。

（4）公司的税务管理

税务管理是企业财务的重要工作内容之一，在很大程度上决定着中小民营企业的发展命脉。企业采用不同的法人架构，税务管理的方式也就不同，比如个体户与合伙公司的税务政策就不相同。注册地区的选择也很关键，有些地区可以享受国家的优惠政策，有些地区则不能。

（5）资本运作与并购重组

企业的资本运作主要有并购重组、股权投资、吸收股份并购计划、资产转换重组计划、债权换股计划、合资控股等多个方面，以达到扩大企业的目的。

并购重组分为完全接纳并购重组和只剥离不良资产授让全部优质资产重组两种方式。前者是把并购企业的资产和债务全部吸收，后者则只接纳并购企业的资产和技术人员。

股权投资分为流通股转让和非流通股转让。

吸收股份并购计划在并购时不涉及现金流，从而有效避免再次融资。资产转换重组计划是根据企业战略，将用处不大的资产置换成所需要的资产，这样在并购企业时不需要现金流，大大降低了并购的成本。

债权换股计划是利用公司的债券换取并购企业的股份，从而达到投资控股的目的。

合资控股是由原公司和并购目标企业共同组建的新公司，由双方共同控股，以有效降低并购风险。

5. 公司全面风险管理职能

公司全面风险管理是指在识别风险、评估风险和研究风险的基础上，利用及时有效的对策将可能出现的不利情况降到最低。其方式是通过企业战略经营目标，对企业的各个环节、经营过程中可能遇到的问题进行全面管控，建立全面风险管理系统。公司全面风险管理系统包括财务风险管理系统和非财务风险管理系统两种。

（1）财务风险管理

企业最大的风险就是财务风险，因而要建立财务风险管理系统，使之在财务管理中形成相互关联又相互制约的管理方式。具体来说有以下几点：建立明确的责任制度，每个部门管理者、员工都应承担风险管理的责任；

部门管理者应当具有一定的风险管控权限，有利于及时做出正确的对策；建立合适的奖罚体系，对于风险管理取得的成效给予奖励。

另外，企业要建立合理的激励与监督制度，无论是企业股东、老板，还是企业员工之间形成内部利益关联，通过合理有效的协调降低企业的风险。

企业的财务风险通常有以下四种：

融资风险：受市场环境的影响，融资最大的特点是不确定性，尤其在企业需要资金时，这种不确定性就成了企业最大的财务风险。

投资风险：投资所产生的收益远远低于预期时，这种风险是致命的。投资风险又分为系统性风险和非系统性风险，前者是分散投资后的风险所剩余的风险，后者才是分散投所遇到的风险。

资金风险：企业的经营收入明明不错，却因收款滞后产生了财务风险。经营收入在一定程度上不能决定企业的整体营销水平，债务问题的解决才是关键。优化债务结构能有效保证企业资金的流动。

连带财务风险：企业的担保行为出现问题时，企业也要承担连带的财务责任。

（2）非财务风险管理系统

无论什么风险，最终都会影响到企业的财务状况。对于企业非财务风险的管理同样需要财务人员的参与。

非财务风险管理通常分为外部非财务风险管理和内部非财务风险的管理。外部非财务风险管理主要是突发事件的应对措施，比如流行疾病、自然灾害、高危设施所引发的灾难等，最典型的是2020年爆发的新型冠状病毒疫情，对相当一部分企业正常运营产生了巨大影响。

内部非财务风险主要涉及企业的战略方式、业绩指标以及不断改变的组织结构与运营的风险等，不同的管理带来不同的结果。

对于非财务风险的管理需要注意以下几点：

① 企业的风险管理必须以财务部门为核心和主导；

② 对可能影响企业正常运营的风险应当高度重视，进行全面系统的研究评估之后再作出应对策略；

③ 企业高管做决策时，必须考虑一些可能发生的灾难，并有一定的应急处理措施；

④ 企业风险管理必须实现多部门联动，从财务部到采购部，再到销售部和生产部，各部门都要有“一盘棋”意识。

第三节　企业不同发展阶段组织建设重点

1. 初创阶段：寻找对的合伙团队

企业有四个重要发展阶段，即初创阶段、快速成长阶段、发展成熟阶段和衰退/持续发展阶段。不同阶段组织建设的要求也不一样。在企业初创阶段最大的问题是招不到人，没有人就没办法发展。在初创阶段最重要的是搞定团队，寻找对的合伙人。这时愿景、使命、价值观的重要性就体现出来了。找到合伙人之后，必须进行股权分配。企业家在创业时，需要考虑股权分配的问题，这决定企业能走多远。

2. 快速成长阶段：效益是管理团队的最佳方式

（1）责任中心的核算与管理

将每个事情落实到个人，每一个部门独立核算。这是企业管理必须要做的事情。财务部对每一个部门进行核算，甚至要核算到个人。这样就能清楚地知道每个部门、每个员工为公司带来了多少收入，支出了多少费用，创造了多少利润。

（2）绩效考核与管理

绩效是企业利润分配的根本。但是想要解决分钱的问题，光会分还不行，还要知道企业赚了多少钱。如果老板知道每个责任中心的核算账，就能知道每个部门所创造的利润，每个人所创造的效益，基于此考核员工，就会发现员工的绩效考核非常简单。所以我经常讲“绩效的起点是财务核算”。

（3）业务流程的标准化与数字化管理的报表体系

企业想要从初创阶段走向快速成长阶段，必须抓住两个重点：

第一，业务流程标准化。企业要建立标准的流程，如果没有标准的流程很容易今天是一套，明天是一套。标准的流程可以让每个员工都有自我检视的标准，工作有没有做到位，事情有没有干好，可以有效自检。同时，标准化流程是企业业务模式可复制、快速扩张的基础。

第二，通过数字化来管理企业。老板通过报表了解企业的发展现状，厘清企业所处阶段的问题。企业的问题会直观地呈现在报表上，当企业管理数字化之后，问题一目了然。

3. 发展成熟阶段：打造具有竞争力的财务团队

处于发展成熟阶段的企业如果不是靠系统管理，就会出现业绩不稳定即时好时坏的情形。企业可以从绩效系统、财税系统和业务系统来建立具有战斗力的组织团队。

业务系统就是要清楚企业的战略和业务执行计划，即企业未来三到五年要发展成什么样子。这是公司的战略目标，有目标才能找到实现目标的最优途径。在企业的管理中，有战略、有计划，一定还要落地和执行。明确明年要做什么，能不能做到。

做好预算，还要将利润指标分配到每个部门。预算的核心目的就是打造高管对业绩负责的企业文化。有预算的公司，销售经理会一直谈企业的目标，要做多少业绩。在西方，很多企业，大到几万人、小到几十人的公司，都会进行预算管理，细化目标，让每个部门的领导和员工都知道部门的目标是什么。

4. 衰退/持续发展阶段：员工是企业最大的资源

在企业进入衰退和持续发展的阶段时，一定要平台化企业。这个阶段企业想要转型是非常困难的，将企业做成平台就能实现业务的转型，主要特点从做产品转变为做平台，一个行业内具有影响力的业务平台，整合行业的上游和下游。

公司发展到一定程度最重要的资源就是人，最重要的产品也一定是人。打造一个平台，这个平台就是一个普通人也能成为管理者。优秀的管理者能帮公司实现裂变，衍生出其他业务，也就是平台创业、平台孵化的概念。

当员工在这个平台上获得成功时，企业自然更加成功。我们说成功的企业家不仅仅是自己成功，而是要帮助别人成功。当你能帮助其他人成功，那么你就真成功了。比如头条公司裂变出抖音，这就是团队与组织裂变的结果。企业只有靠系统才能获得成长，才能持续赚钱。系统是稳定的，是企

业一步一步成长的隐形踏板，站稳一个环节，再到下一个环节，便是建立系统的过程。企业想要持续做大，不能只靠一个人，一个订单，一个客户、一层关系，而是依靠稳定的系统。

第四节　留住优秀财务人员的策略

1. 生死期（0-3个月）

留住优秀财务人员是企业发展战略中非常重要的一个内容。通常要考虑两个维度，即意愿和能力。员工的意愿决定他是否愿意留下来，而能力则是企业让不让他留下来。

头三个月是新入职财务人员的“生死期”。财务人员留下的意愿虽然非常高，做事也很有积极性，但是由于是新环境，他的能力可能有些不足，需要一个过度期，所以需要采取一定的措施帮助他顺利度过“生死期”。

（1）手把手的教，师傅带徒弟

无论是销售总监，还是财务总监，新员工进来后最好有专门的人员带着他成长。新员工想做事，但是能力不够，对公司的环境、规章制度流程了解不够，所以需要有人带着他做，一点一点地教他，协助他适应新环境。

（2）明确工作目标、工作计划、工作顺序以及时间管理辅导

给新员工定工作目标，让他带着目标工作。根据目标落实工作计划，这样新员工就不至于每天不知道做什么。如果工作安排得比较多、比较杂，那么要让新员工明白工作的优先顺序，重要的事情先做。而时间管理非常重要，合理安排每天的工作时间，快速进入角色。

（3）及时给予工作结果反馈

无论新员工工作的效果怎么样，领导一定要及时给予反馈。新员工与团队之间缺少默契，他需要一个适应的过程，工作完成后他并不知道完成的效果怎么样，想要他快速融入集体，就要及时给予反馈，让他清楚工作的结果，好进一步改进。

2. 黑暗期（3-6个月）

过了“生死期”，员工就进入到“黑暗期”。头三个月员工的工作热情高，三个月一过，工作意愿自然会下降，比如这个地方不如意，那个地方不如意。很多事情并没有想象中那么好，员工与公司完成了磨合，自然会看出一些问题，就是这些问题让他的热情越来越低。与此同时，员工开始进入工作状态，能力得到了提升。对于这个时期的员工，需要注意以下几个方面：

（1）明确职业规划，明确短期目标和心灵扳机

为员工制定明确的职业发展路线，通过短期目标的实现来提升员工的自信心。管理者要清楚员工的心灵扳机。所谓的心灵扳机就是员工的心理情绪，比如你做了什么事情会感动员工，让他愿意为企业努力工作，清楚员工的真实想法。让员工与优秀的人在一起，获得更大的成长空间。

有些管理者不愿意与底下的员工交流，这对工作的影响非常大，是很大的内耗。每个人都需要获得提升和进步，这是除了薪水以外最打动人心的地方。因为未来的无限空间，会让自己获得更大的成长。员工自然希望能在公司得到发展，体现出自我价值。

对老板而言，需要一个忠诚的伙伴。对财务人员而言信任非常关键，是

能打动他的心灵扳机。老板越信任财务人员，财务人员的工作热情就越高。

（2）培训

员工需要成长，需要更多培训的机会。如果员工发现公司没什么东西可以学，也没有什么发展机遇，那么员工自然会想着离开。所以公司要在财务人员身上做投资，多给财务人员创造培训的机会。老板希望财务人员独当一面，就要帮助他成长。如图9–1所示。

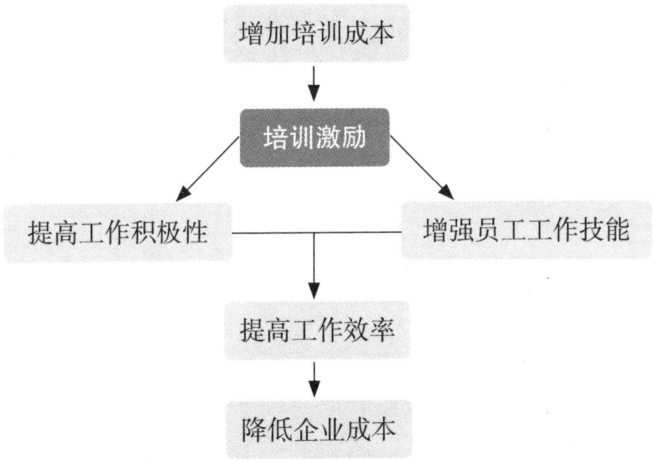

图9–1　培训的系统

企业增加培训成本，属于一种培训激励，能有效提高员工的工作积极性和增强员工的工作技能，从而达到提高工作效率的目的。员工的工作效率越高，企业的成本就越低，所产生的利润就越高。

（3）有讨论员工顾虑的机会

老板给员工讨论顾虑的机会。每个员工都会有所顾虑，只有老板给员工机会，让员工说出来，才能清楚员工的顾虑是什么。

（4）大量的鼓励

员工的成长需要鼓励，一味地打击只会磨灭员工的信心。在三至六个月的“黑暗期”，老板要给员工大量的鼓励。

3. 迷茫期（6–9个月）

过了黑暗期，员工就进入“迷茫期”。这个时期员工的意愿与热情降到了低谷，要及时与员工建立相互信任的朋友关系，对员工发展瓶颈要提供一定的帮助。每个人都会在职业发展中遇到瓶颈，比如跟不上公司的业务发展，可以给他出谋划策，帮他做好职业规划。当然更重要的是“胡萝卜加大棒”的政策，给员工一定好处的同时，给他足够的压力。

4. 爆发期（9–12个月）

最后一个阶段是爆发期，这个时期的员工无论是意愿也好，能力也好，都达到一定的层次。可以从以下三个方面来管理：

（1）授权与信任

给员工更多的业务授权，让他拥有更多的决策权。一旦授予了员工权力，就要充分地信任他，让员工来决策，并尊重他的意愿。

（2）给更大的舞台，培养接班人

给员工创造更大的舞台，让他承担更多的责任。公司的发展需要人才，让员工自己培养接班人。一个人越往上走，就越需要具备培养接班人的能力。比如公司的绩效考核，高管必须有培养接班人的计划，而且占了考核的20%。当高管不在公司时，需要有人替代他完成目标任务，不然业绩就会掉下来。所以很多企业会把培养接班人当作绩效考核非常重要的内容之一。

【落地工具1】关键绩效考核指标KPI对照考核表

【落地工具2】分析考核–分店负责人绩效考核表

【落地工具3】财务部招聘工作任务清单

【落地工具4】财务人员岗位说明书

【落地工具5】财务部门岗位职责模板

（落地工具在老师财税系统落地工具包中有）

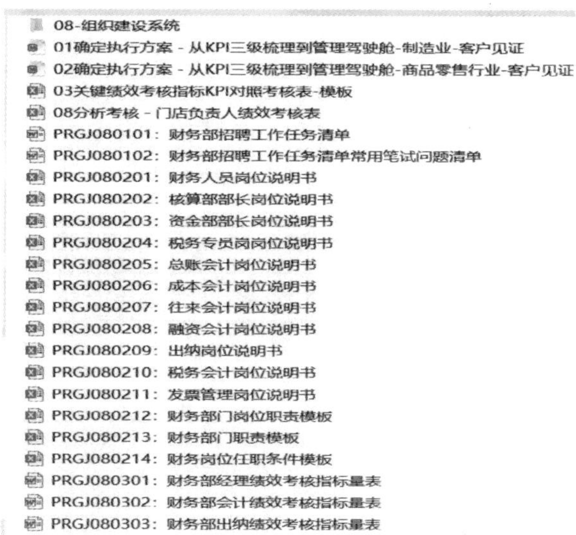

思考空间

一、制订一份与财务人员达成共识的财税系统建设的任务清单。

二、人生三大折射：经常和什么人在一起？钱都花在哪里了？时间都用在哪里了？

三、针对财务人员面试时的十个问题，考一考公司的财务，看能完成几个？

四、公司有没有专门针对财务人员的培训计划？在能力培养上的投入又是多少？接下来如何改进？

后 记

愿你向这个世界交付价值

我是左宾，2002年入行财务，钉过凭证、审过发票、也被人叫过“表哥”，在做到IBM中国大西区首席财务官之后，辞职创业，与品誉集团的伙伴一起创立了品润财税咨询，为国内的企业家与同行提供财税培训与咨询服务。

在日常授课及咨询的过程中，总有学员问我，为何放弃IBM优厚的待遇而辞职创业？其实很简单——这里有帮助别人解决问题的成就感。我喜欢向企业家、财务同行们分享优秀企业先进的管理经验、财务的最佳实践；甚至可以讲讲这些企业的管理者、财务总监每天都在做什么，他们是如何管理企业的。就像在过去的20年时间里，IBM手把手辅导华为逐步做大、最终成为世界的一流企业。

在我看来，这些企业家所急需的快速构建体系化的财务理念有三个问题需要解决，即：跟谁学、怎么学和学什么。品润咨询在这三个方面是这么做的：

（一）跟谁学

品润咨询的老师均来自知名外企或国内顶尖民企的财务高管，他们会把这个团队从2015年创业以来为中国民营企业做过的上百个咨询案例的经验导入你的企业。

（二）怎么学

品润咨询秉承师傅带徒弟的方式，老师做学生看，然后学生做老师在旁指导，做错了甚至还要“打手板”（有惩罚措施）的模式，也是中国自古流传下来的师徒制。

（三）学什么

品润咨询为企业家量身打造了《老板财务思维的九堂课》《财税系统落地方案班》、为高管设计的《高管财务思维》、为财务人员设计的《财务铁军》等一系列财务类、管理类课程，由资深财务专家分享行业最佳实践。

我们更会结合现在流行的教学模式，采用线上、线下相结合。线上由专门的咨询师解答企业的问题；线下咨询式课程，带着你的问题来，老师帮你现场解决，即便没有优秀的财务总监，老师也能手把手带你一步步建立财税系统。

课程效果是我们特别关注的，“是否发生改变”是品润衡量效果的唯一标准。在现在这个高速的、模糊的、不确定的环境里，我们希望能够：

◆ 帮到那些受财税问题困扰的企业家，通过课程或咨询的方式，解决企业历史遗留问题，建立一套完善的财税系统，靠系统管理从而取代靠人管的模式，保障企业家们的财富与人身安全。

◆ 帮到那些想让公司变得更大、更强的企业家，通过提升财务能力，助力企业数字化转型，从而实现精细化管理使企业利润倍增。

◆ 帮到那些在工作上努力却又不被认可的财务同行，让他们可以走进业务、财务更能引领业务。通过我们的学习和努力，最终展现财务的价值。

世界如此精彩，我们当然不能置身局外。

很高兴在这里与你相遇。

希望在今后的日子里，财务新世界在你眼前展开，希望一切清晰与分明起来。

愿你能够在这个不确定的世界，建立自己的确定性，并与人相互帮助，而成就别人会是最动人的成就。

愿你向这个世界交付你的价值，并且获得回报。

谢谢，有品润，我们一起加油！

左宾

2021年5月